SURFANDO NO
MUNDO BANI

Silvana Pretto Zanon

2ª Edição

Editora Sulina

Copyright © Silvana Pretto Zanon, 2023

Capa, design gráfico
e ilustrações:
Isabella Machado

Supervisão de originais:
Dolores Sanvicente
Julia Dantas
Vanise Dresch

Editoração e fechamento
de arquivos:
Niura Fernanda Souza

Revisão:
Simone Ceré

Digitação:
Cleia Kaminski Becker

Editor:
Luis Antonio Paim Gomes

Bibliotecária responsável: Denise Mari de Andrade Souza CRB 10/960

Z22s	Zanon, Silvana Pretto
	Surfando no mundo Bani / Silvana Pretto Zanon. -- Porto Alegre: Sulina, 2023.
	176 p.: il; 14x21 cm.
	ISBN: 978-65-5759-098-0
	1. Gestão de Pessoas. 2. Costumes Sociais.3. Complexidade – Recursos Humanos. 3. Ética Profissional e Ocupacional. 4. Mundo Bani. I. Título.
	CDU: 658.3
	CDD: 658.3

Todos os direitos desta edição são reservados para:
EDITORA MERIDIONAL LTDA.

Rua Leopoldo Bier, 644, 4º andar – Santana
CEP: 90620-100 – Porto Alegre/RS
Fone: (0xx51) 3110.9801
www.editorasulina.com.br
e-mail: sulina@editorasulina.com.br

Julho/2023
IMPRESSO NO BRASIL/PRINTED IN BRAZIL

*No início ele seguia
meus passos, hoje sou
eu que sigo os dele...*

Dedico este livro ao ser
humano excepcional
que é meu filho.

AGRADECIMENTOS

Gratidão a todos que de forma direta ou indireta me inspiraram a tornar uma realidade este livro, um sonho de resgatar a força da generosidade em diferentes áreas de nossa vida.

Meu caloroso agradecimento a Cleia Kaminski Becker, sem sua presença incansável, seria impossível realizar este projeto. Gratidão por estar ao meu lado sempre que precisei.

Agradeço a Dolores Sanvicente, que, por sua sabedoria e conhecimento, sempre soube me apontar o caminho correto a seguir e sempre esteve presente em todos os meus projetos literários.

Gratidão ao rabino Guershon Kwasniewski, que me acolheu com tanto carinho e com uma longa conversa me passou seu conhecimento sobre as antigas escrituras.

Agradeço a Isabella Machado, morando hoje em Madrid, que mesmo a distância conseguiu captar a essência deste livro e com muita criatividade passou a informação de sua leveza pelas cores e ilustrações.

Gratidão a esta jovem e talentosa escritora Julia Dantas, que fez a supervisão de originais deste livro.

Gostaria de agradecer também a Myriam Cadorin Dutra, que entrou há pouco tempo em minha vida e me ensinou a ser livre para escrever e acreditar nesta minha habilidade.

Um agradecimento especial a Vanise Dresch, incansavelmente presente em meu projeto, uma das pessoas mais inteligentes que conheço.

Meu carinhoso agradecimento ao meu marido, que, por amar tanto o trabalho, transmite a ideia de que devemos tornar nosso propósito uma responsabilidade perante a existência humana. Lembrando aqui as palavras de Viktor Frankl, "a responsabilidade", em sua concepção, é "estarmos conscientes do nosso papel no mundo, quando criamos um trabalho".

Por fim gratidão ao meu filho, que sempre foi um grande incentivador de todos os meus projetos e uma fonte de inspiração dos valores desenvolvidos neste livro. Uma das pessoas mais espiritualizadas que conheço.

SUMÁRIO

PREFÁCIO
13

INTRODUÇÃO
17

CAPÍTULO I
Mundo VUCA
e mundo BANI
23

CAPÍTULO II
Autoconhecimento
41

CAPÍTULO III
Generosidade
59

CAPÍTULO IV
Empatia
79

CAPÍTULO V
Compaixão
93

SUMÁRIO

CAPÍTULO VI
Diálogo
101

CAPÍTULO VII
Elegância e polidez
113

CAPÍTULO VIII
Criatividade
127

CAPÍTULO IX
Sentido da vida
139

**REFERÊNCIAS
BIBLIOGRÁFICAS**
161

Convidada Especial:
MYRIAM CADORIN DUTRA

Sobre a espiritualidade
167
Referências bibliográficas
175

PREFÁCIO

O tema desenvolvido aqui é o humanismo no mundo contemporâneo. Estudando as ciências humanas, aprendi sobre a importância e a responsabilidade de difundir conhecimentos e ideias novas, colocando-as ao alcance das pessoas para reflexão.

A pesquisa feita para desenvolver esta obra me levou por muitos caminhos, e um deles foi a descoberta de que a maioria dos livros que são unanimemente aprovados são escritos por grandes pesquisadores com evidências científicas comprovadas, a maioria é formada por mestres ou doutores.

Foi assim que, aceitando essa crença, citei várias pesquisas de cientistas renomados para dar credibilidade ao meu trabalho. Muitas delas são de difícil compreensão, por isso tento trazer o conteúdo usando uma linguagem mais acessível e de forma mais resumida.

Sou grande admiradora dos escritores Luc Ferry e Rob Riemen. Despidos de todo intelectualismo, eles escreveram para seus leitores entenderem suas mensagens de forma simples e objetiva. Recomendo muito a leitura de seus livros, foram grandes inspiradores desta obra.

Sou engenheira por formação, com especialização em Marketing pela Escola Superior de Propaganda e Marketing (ESPM), em Ciências Humanas pela Pontifícia Universidade Católica do Rio Grande do Sul (PU-CRS), fundadora das revistas digitais @saberviver.brasil e @savoirvivrebrasil, e hoje estudo Psicologia.

Mais importante que isso, sou incrivelmente apaixonada por livros desde a minha infância e hoje me sinto muito motivada a dividir minhas pequenas reflexões sobre o mundo complexo em que vivemos. Aprendi com meus professores das humanas que não devemos guardar nosso conhecimento, mas sim difundi-lo. Assim teremos um mundo melhor.

É provável que, em muitos momentos, por estarmos envolvidos na construção de nossas vidas, trabalhando, estudando e formando família, não tenhamos tempo para nos apropriar de novos conhecimentos. Vivemos em um mundo que gira em alta velocidade, com informações e concepções que se alteram o tempo inteiro, por isso trago aqui as descobertas mais recentes. Como diz Zygmunt Bauman — sociólogo e filósofo polonês falecido em 2017 —, é a modernidade líquida. Propus então estudar o humanismo nos tempos atuais, com o objetivo de alcançar uma melhor qualidade de vida.

Também sou movida por um desejo bem mais antigo: sempre tive vontade de falar um pouco sobre generosidade e sobre nobreza de espírito. Surpreendeu-me descobrir durante o curso de pós-graduação de Ciências Humanas (PUCRS) que o tema generosidade tem sido pesquisado e trabalhado entre os cientistas e um deles, Richard Davidson, nos diz: "A base de um cérebro saudável é a bondade". Um dos livros que me marcaram foi *Nobreza de espírito, um ideal esquecido*, de Rob Riemen, e aos poucos fui me encorajando a falar sobre estes dois temas tão caros para mim durante toda minha vida.

Esses valores contribuíram muito para a cultura das empresas em que trabalhei. Não podemos apenas trabalhar sem entender o mundo à nossa volta, ou sem entender a nós mesmos. O amor pelos livros, que trago de família, me levou a uma antropóloga francesa que me mostrou a importância da gentileza em todas as relações humanas. Geneviève d'Angenstein é autora de *O Savoir-vivre é um jogo*, obra que tive o prazer de traduzir em 2021. E assim se iniciou minha história com as ciências humanas, com a neurociência, com a física quântica e com a espiritualidade.

Recentemente, descobri que esses temas estavam mais atuais do que nunca e sendo ressignificados no terceiro milênio. Meu sonho é trazer o velho ideal da nobreza para ser o timoneiro do século XXI, nos guiando na busca por um propósito de vida.

Em 2003, Tony Blair, o então primeiro-ministro do Reino Unido, declarou guerra à incivilidade: isso foi o que li num livro de Frédéric Rouvillois, professor de direito público na Universidade de Paris Descartes. Rouvillois escreveu que foi como se o *savoir-vivre*, a partir de então, se tornasse demasiado necessário e sério para que o desprezássemos ou o considerássemos irrisório. Tony Blair insistia na necessidade de estabelecer uma "cultura de respeito", consenso pouco comum já manifestado algum tempo antes por Luc Ferry, ministro da Educação da França, que decidira fazer disso uma prioridade para as escolas francesas.

O que proponho aqui é um passeio interdisciplinar abordando vários temas ligados ao humanismo no mundo contemporâneo, iniciando no autoconhecimento e terminando no sentido da vida. A base deste livro foi o meu curso de pós-graduação em Ciências Humanas. Também aproveitei os meus estudos de Psicologia na Universidade do Vale do Rio dos Sinos (Unisinos), que me fizeram compreender a necessidade de valorizar o autoconhecimento, pois para entender o outro precisamos antes nos conhecer bem. Também foi importante o que aprendi em meu breve contato com a física quântica através do professor Amit Goswami, em um curso durante a pandemia. Descobri que ela é uma mudança de paradigma tão grande que quase implica ver a vida de outro lugar. Entendi assim a relação existente entre os fenômenos quânticos e a realidade, e a importância da espiritualidade.

Não sou escritora. Venho da área das exatas e passei mais da metade da minha vida envolvida com negócios familiares. Mas sempre mergulhei nos livros, pois acreditei e acredito até hoje que o conhecimento pode mudar o mundo.

INTRODUÇÃO

Já ouvimos muito falar da modernidade líquida, ideia elaborada em livro de mesmo nome do sociólogo polonês Zygmunt Bauman, e em seus outros livros *Tempos líquidos e Amor líquido*. O autor explica como se estabelecem as relações sociais na atualidade. É um pensador humanista, pois sua grande questão é a condição humana. Ele reflete sobre a sociedade de consumo, o medo, a vida e o tempo, sobre ética e valores humanos, relações afetivas e globalização. A associação ao líquido vem do fato de que a sociedade atual seria marcada pela liquidez, volatilidade e fluidez. É líquida no sentido de que as relações estão ficando cada vez mais superficiais, e o contato entre os indivíduos é cada vez menor. Uma de suas mais famosas frases: "as relações escorrem entre os dedos".

Surge então a grande questão de como podemos viver relações mais profundas e mais estáveis. A boa notícia é que, com as novas descobertas da neurociência e com os saberes da inteligência emocional, podemos desenvolver habilidades para melhorar as relações familiares, sociais e profissionais.

Então, vou abrir este caminho apresentando importantes pesquisadores nas áreas de psicologia e neurociência, e os trabalhos que eles têm desenvolvido no Brasil, nos Estados Unidos e em outros países.

Segundo Daniel Goleman, psicólogo e jornalista científico estadunidense, considerado o pai da Inteligência Emocional, as universidades e as escolas de hoje preparam somente para o mercado de trabalho, mas não preparam para a vida. Goleman escreveu por doze anos no *New York Times* sobre avanços nos estudos do cérebro e nas ciências comportamentais. Com formação na Universidade de Harvard, ele nos diz que é urgente o preparo de nossas crianças com habilidades necessárias para o futuro – a aprendizagem socioemocional.

Tomemos um exemplo prático dos dias de hoje: o caso de um líder. Quando pensamos em um bom líder, pensamos em alguém generoso, persistente, visionário, atencioso e empático. Ao mesmo tempo, a ideia de um péssimo líder logo nos remete à arrogância, à teimosia, ao autoritarismo, à agressividade, ao egocentrismo e ao autocentramento. A diferença entre esses dois líderes é que o bom líder tem inteligência emocional. Mas o que é isso? É a nossa habilidade em lidar com nossas emoções. Quanto mais alto o cargo em uma corporação, mais inteligência emocional é necessária. Felizmente, assim como acontece com outras habilidades, a inteligência emocional pode ser desenvolvida.

Daniel Goleman nos conta que, de todos os seus colegas do ensino médio, o que mais teve sucesso na vida profissional e familiar não foi o que tirava melhores notas ou dominava tecnicamente as matérias. Foi um colega que se destacava por ser um ser humano excepcional, alguém presente e empático, que ouvia e fazia todos se sentirem bem ao estar ao seu lado.

Em alguns dos temas que desenvolveremos neste livro, faremos também referência a Howard Gardner, psicólogo cognitivo e educacional estadunidense, ligado à Universidade de Harvard, que escreveu *Inteligências múltiplas: a teoria na prática*.

Não menos importante nas últimas pesquisas científicas é a questão da inteligência espiritual relacionada à física quântica. A física quântica passou a ser reconhecida pelos cientistas em 1927, no Congresso de Física Quântica, em Bruxelas. Esta descoberta vem contribuindo de forma significativa na vida das pessoas. Danah Zohar e Ian Marshall se aprofundam na questão da inteligência espiritual em seu livro *QS: Inteligência espiritual. Aprenda a desenvolver a inteligência que faz a diferença.*

Esses conhecimentos nos auxiliam a ampliar nossas habilidades e nos preparam para os desafios da nova economia e da nova sociedade.

O mundo vem melhorando com o avanço das tecnologias e da medicina, oportunizando ao homem um acréscimo a sua expectativa de vida. Este mesmo homem, contudo, está correndo atrás do tempo para acompanhar a velocidade dos acontecimentos. Uma das consequências disso ocorre no âmbito familiar, onde não temos mais tempo para aquele convívio tão fundamental. Por que falo aqui na convivência familiar? Porque acredito que toda a estrutura emocional de que um adulto precisa vem da base familiar desde sua infância.

Dentre os muitos espaços possíveis para reunir a família, considero fundamental em nossa vida, por sua grande função agregadora, a mesa, e o que ela proporciona às relações. Esse móvel é muitas vezes esquecido nas famílias modernas, pois seu espaço é roubado pela TV, pelos celulares e computadores.

A mesa tem um simbolismo que remete à união desde as Escrituras, e surpreendeu-me a descoberta de quantos acontecimentos e ensinamentos significativos aconteceram quando as pessoas estavam reunidas à mesa.

A mesa pode ser um lugar para todos estabelecerem relações mais profundas e mais ricas em meio à vida acelerada e líquida do século XXI. As relações nela se fortalecem, os diálogos se tornam mais abertos à compreensão do outro, e a gentileza ressurge como uma prática de vivacidade para manter todos unidos.

A mesa cria então essa força nos relacionamentos pelo ritual de comer em família, que traz alegria à vida e promove conversas entre os familiares. Ao abrirmos um espaço à mesa, podemos criar vínculos através de olhares e conversas.

Na modernidade líquida, costumamos viver no piloto automático e colocamos nossos filhos neste mesmo ritmo, com agendas superlotadas. Como mudar isso? No encontro à mesa, que no meu entender é um momento único.

A experiência à mesa é uma chance de melhorar a qualidade de vida. A autora Devi Titus, em seu livro *A experiência da mesa*, nos conta segredos para criar relacionamentos profundos.

O lar é onde o coração está, o lar é onde o coração se forma. Seja uma cabana ou uma mansão, uma morada de qualquer tipo se transforma em lar quando as pessoas passam tempos juntas ali. O lar é um lugar acolhedor onde os membros de uma família constroem relacionamentos saudáveis uns com os outros, aprendem, riem, e crescem juntos, desenvolvendo um senso de identidade e comunidade que forma a sociedade (2013, p. 15).

Devi Titus

A família aqui não se refere necessariamente a laços de sangue, mas também às famílias contemporâneas que se constroem a partir da vontade de dividir amor e de criar seres abertos às diferenças. O que marca o desenvolvimento de uma criança são os papéis assumidos pelos cuidadores, sendo a figura paterna alguém que coloca limites e a figura materna uma fonte de afetos.

Nesse livro, Devi Titus comenta que o historiador inglês Edward Gibbon, em seu livro *Declínio e queda do Império Romano*, escrito em 1788, destacou cinco causas principais que contribuíram para a ruína de um dos maiores impérios do mundo. Os historiadores reconhecem que os princípios de Edward Gibbon se aplicam a todas as grandes civilizações.

O interessante é que a causa mais significativa da queda de uma civilização não é a perda da força militar ou da astúcia política. As bases de uma grande civilização sucumbem quando o enfraquecimento começa de dentro. E o que vem primeiro na lista de fatores que contribuem para a queda de um império é a corrosão da dignidade e da santidade do lar, a base para a sociedade humana. Edward Gibbon observa que quando as famílias deixam de passar tempo no lar, a base da sociedade começa a sucumbir.

A premiada produtora de documentários e jornalista Miriam Weinstein, no livro *The Surprising Power of Family Meals*, descreve o surpreendente poder da refeição em família. Fazer refeições em família é como uma bala mágica, diz ela, que melhora drasticamente a qualidade de vida cotidiana, as chances de sucesso de seus filhos no mundo, a saúde de sua família e os valores da sociedade. Enfim, Miriam Weinstein afirma que fazer refeições em família nos torna mais fortes, inteligentes, saudáveis e felizes.

As culturas orientais, também, há milênios já praticam rituais de chá e se reúnem à mesa para cultivar valores como o respeito, a harmonia, a pureza e a tranquilidade.

Ter tempo para dedicar-se a uma bela mesa e receber os amigos e os amores é o maior luxo nos dias de hoje. Receber sem pressa é algo que, com certeza, trará mais significado à sua vida.

Este projeto, conforme comentado antes, apresenta uma trajetória que se inicia no autoconhecimento e termina na motivação que leva ao sentido da vida. Uma busca do ser humano que, no mundo ocidental, iniciou-se na Grécia Antiga e continua nos dias de hoje. Mas agora com embasamento científico, como é o caso da pioneira pesquisa sobre química cerebral do famoso PhD e professor de Economia, Gerenciamento e Psicologia Paul Zak, que descobriu a bioquímica da compaixão, do amor e da confiança. Fundador da Neuroeconomia, estudou nas Universidades da Pensilvânia e San Diego, e hoje está na Universidade de Claremont.

 Através da liberação da ocitocina, nos conectamos com todos os demais seres humanos. É o que mais queremos como criaturas sociais (2012, p. 57).

Paul Zak

CAPÍTULO I

Mundo VUCA e mundo BANI

Vivemos a era da complexidade. É neste mundo complexo que nos movimentamos e sonhamos; é importante que o compreendamos, porque ele exige de nós um conjunto de habilidades e conhecimentos.

Antes de entrar diretamente no assunto, acho necessário explicar o significado de dois acrônimos que justificam o título deste livro: mundo VUCA e mundo BANI.

Você já ouviu falar da expressão VUCA?

Mundo VUCA foi descrito por muito tempo como um acrônimo formado pelas primeiras letras de quatro palavras: Volatilidade, Incerteza (Uncertainty, em inglês), Complexidade e Ambiguidade. Essa sigla começou a ser utilizada pelo United States Army War College para explicar o mundo no cenário pós-Guerra Fria, em 1990. Mas agora os especialistas voltaram a utilizar o termo para descrever a realidade contemporânea. Jamais Cascio, antropólogo, autor e futurista, especialista em mundo BANI, nos diz que começamos a compreender o mundo VUCA quando a pandemia entrou em nossas casas. Carla Furtado resumiu:

> *O ano de 2020 será citado nos livros de história como o ano que iniciou a era da complexidade* (2021).
>
> **Carla Furtado**

Vimos que um acontecimento no Oriente em poucos dias fez todo o planeta parar, e descobrimos também que poderíamos continuar trabalhando à distância. Essas experiências da pandemia representam muito a complexidade do mundo VUCA, sua volatilidade, incerteza e ambiguidade. O humano não tinha controle sobre a natureza, e a incompreensão do que estava acontecendo em nossa vida nos tornou extremamente ansiosos.

Segundo esta visão, as quatro características principais de cada mundo configuram também quatro tipos distintos de desafios, que demandam diferentes respostas. Vou falar primeiro do acrônimo VUCA.

VOLÁTIL: as mudanças de hoje são rápidas e inesperadas. Forças complexas agem transformando, incessantemente, a sociedade de diferentes maneiras.

INCERTO: o futuro não pode ser previsto.

COMPLEXO: temos muitas visões e pontos de vista diferentes do mesmo acontecimento e todos podem ser verdadeiros. Os desafios são potencializados por diversas variáveis.

AMBÍGUO: há pouca clareza sobre os acontecimentos e os efeitos que eles podem trazer. Não existem precedentes para serem analisados ou pesquisados, os fatos simplesmente acontecem.

Já o acrônimo BANI, criado em 2018, significa Brittle, Anxious, Nonlinear e Incomprehensible, em português Frágil, Ansioso, Não linear e Incompreensível. Ele também foi intensamente vivenciado no período da pandemia, e define a dinâmica do mundo atual, considerado a evolução natural do mundo VUCA.

FRÁGIL: um vírus coloca o mundo inteiro em quarentena, uma falha de um sistema fecha uma loja, uma praga destrói uma plantação. O que temos de certeza hoje pode virar uma incerteza amanhã.

ANSIOSO: todas as incertezas criadas pelo mundo frágil provocam ansiedade, como aconteceu durante os dois anos de pandemia.

NÃO LINEAR: várias ações estão em curso simultaneamente, sem controle.

INCOMPREENSÍVEL: com tantas mudanças, com tantos acontecimentos, é fácil perder a conexão com a realidade. O avanço tecnológico tem sido tão profundo que, muitas vezes, é difícil acompanhá-lo.

O conceito passou a ser usado especialmente para descrever o panorama pós-pandemia.

Jamais Cascio observou que o VUCA estava obsoleto e não mais funcionava no universo transformado pela pandemia. Ter a clareza de que o VUCA passou para o BANI nos permite reagir de forma diferente. Cada vez mais as *soft skills* se tornam habilidades importantes. Para enfrentar a fragilidade e a ansiedade, precisamos de flexibilidade e resiliência, o que requer cuidado com a saúde mental. Em um mundo não linear, são necessárias atenção ao contexto e adaptação. Em um mundo incompreensível, transparência e intuição.

O BANI, embora pareça mais assustador que o VUCA, pode nos mover em busca de um novo sentido para agir.

DA OBEDIÊNCIA À AUTOEXIGÊNCIA

Para melhor entendermos esta nova realidade, farei uma breve incursão pelas ideias do filósofo coreano Byung-Chul Han, que explica os diferentes tipos de sociedade em que vivemos. Não esqueçamos que os filósofos nos auxiliam a entender as sociedades em diferentes épocas.

Em seu livro *Sociedade do cansaço*, o autor nos explica que durante muitos séculos se viveu na chamada sociedade disciplinar de Foucault, feita de hospitais, asilos, presídios, quartéis, fábricas, onde prevalecia a submissão à hierarquia e à obediência a qualquer preço. Esta não é mais a sociedade de hoje, em seu lugar entrou outra dinâmica, a sociedade de academias de fitness, prédios de escritórios, bancos, aeroportos, shopping centers e laboratórios de genética. Seus habitantes não se chamam mais sujeitos da obediência, mas sujeitos do desempenho. São empresários de si mesmos. Antes, na sociedade do controle, éramos vigiados pelo olhar do outro; hoje, na sociedade do desempenho, o nosso próprio olhar nos vigia.

A sociedade disciplinar era uma sociedade da negatividade, determinada pela proibição. A sociedade do desempenho vai se desvinculando, cada vez mais, do modelo anterior. O poder ilimitado é o verbo modal positivo. O plural coletivo da afirmação *Yes, we can* expressa precisamente o caráter de positividade da sociedade do desempenho. O paradigma da disciplina é substituído pelo paradigma do desempenho.

A positividade de poder é bem mais eficiente que a negatividade de dever. Muitas das neuroses descobertas e descritas por Freud foram frutos de uma sociedade em que tudo era reprimido e proibido. Alain Ehrenberg localiza um aumento da depressão na passagem da sociedade disciplinar para a sociedade do desempenho. A doença do nosso século se agrava exatamente em uma sociedade em que a autoexigência de desempenho não tem limites. A falta da consciência de quando devemos parar pode nos tornar depressivos, pois buscamos a felicidade 24 horas por dia. Uma autocobrança ilimitada nos impõe sermos os melhores em qualquer situação de nossa vida. As redes sociais contribuem com essa pressão. O Instagram, por exemplo, deu uma grande reviravolta, deixando de ser um passatempo divertido para se tornar um grande vilão, na medida em que nos incentiva a atingir metas de felicidade na vida profissional e pessoal. Esquecemos de simplesmente viver e valorizar as pequenas coisas do dia a dia.

Apesar de concordar que vivemos na sociedade do cansaço, acredito que esta é a melhor sociedade que já existiu, a mais civilizada. Preocupa-nos viver com qualidade, considerando desde exercícios físicos até alimentação, cultura e felicidade no trabalho. Há algumas décadas, separava-se tempo de trabalho e tempo de lazer. É, no entanto, preocupante o excesso em todas as esferas, que nos faz escravos de nós mesmos e da opinião do outro, tentando alcançar um desempenho ilimitado. Talvez a tomada de consciência e o conhecimento do funcionamento da sociedade possam nos ajudar a buscar uma qualidade de vida mais equilibrada.

A depressão é característica de um tempo no qual se perdeu a capacidade de concluir. Também o pensamento pressupõe a capacidade de concluir, de se deter, de se demorar. Pertence aos sintomas da Síndrome de Fadiga por Informação (IFS), o cansaço de informação, a incapacidade de pensar analiticamente. Ela é a incapacidade de concluir. A massa de informação que se acelera sufoca então o pensamento. Também o pensamento carece de um silêncio. É preciso poder fechar os olhos (2015, p. 28-30).

Byung-Chul Han

O sujeito do desempenho é incapaz de chegar a uma conclusão. Ele se despedaça por sempre ter que produzir maior desempenho. Precisamente essa incapacidade de chegar a uma conclusão e de encerrar cada atividade antes de iniciar outra conduzem ao "burnout", assim nos diz o autor do livro *Favor fechar os olhos, em busca de um novo tempo*, Byung-Chul Han.

Ao meu ver, esse autor nos lembra, em seu livro *A sociedade do cansaço*, da importância de sermos felizes no trabalho, enquanto no livro *Favor fechar os olhos*, da importância de momentos de ócio, já observada em 1995 por Domenico de Masi em seu livro *O ócio criativo*.

A partir do que falamos, pode-se concluir que a síndrome de burnout não expressa o homem esgotado, mas antes a alma consumida. O excesso de desempenho agudiza numa autoexploração. Esta é mais eficiente que uma exploração pelo outro, pois caminha de mãos dadas com o sentimento de liberdade. O explorador é ao mesmo tempo o explorado.

Se o sono perfaz o ponto alto do descanso físico, o tédio profundo constitui o ponto alto do descanso espiritual. Pura inquietação não gera nada de novo (apud Han, 2015, p. 19).

Walter Benjamin

O BOM TRABALHO

Sabemos da relevância do trabalho para o ser humano, e quanto sua contribuição é importante para o seu próprio bem-estar, assim como para o bem-estar do outro e da sociedade. É fundamental que a pessoa esteja envolvida com o trabalho para encontrar um objetivo de vida.

Segundo Howard Gardner, autor de *Inteligências múltiplas*, devemos ir em busca do bom trabalho, o que, segundo ele, significa alinhar seus valores com o que você gosta e com o que você faz bem. Então o bom trabalho significa escolher algo de que eu goste, que seja importante para mim e que eu seja bom ao fazer. Se o seu ambiente de trabalho não é favorável, você deve valorizar a sua própria tarefa. Qualquer trabalho sempre beneficia outras pessoas e isso é o que mais tem valor para o ser humano.

Mesmo que uma atividade profissional não seja prazerosa, ela sempre terá o papel de contribuir com a sociedade. A calma e a transparência são essenciais para uma boa tomada de decisões, transformando assim o trabalho em um bom trabalho.

Outro aspecto essencial no ambiente de trabalho é a confiança, base de todas as relações positivas no mundo profissional. O crescimento de um pode significar o crescimento de todos.

Paxton e Glanville, em seu artigo "A confiança é rígida ou maleável?", fazem um importante debate sobre confiança e altruísmo em ambientes profissionais. Pessoas envolvidas em ambientes de alta confiança aderem melhor à cultura da empresa. O fortalecimento das relações melhora o ambiente.

Luc Ferry, em seu livro *A mais bela história da filosofia*, explica a parábola dos talentos. Essa parábola consta no evangelho de Mateus. Ela conta a história de um senhor que, partindo em viagem, entrega três diferentes somas em dinheiro a três empregados: cinco talentos ao primeiro, dois ao segundo e um ao terceiro. O talento, que no grego significa peça de prata, simboliza também os dons naturais que recebemos ao nascer. Ao voltar de viagem, o senhor descobre que cada um usou os seus talentos de maneiras diferentes. Um dobrou os talentos, o outro perdeu alguns e o terceiro o manteve igual. O que isso nos quer dizer? Que a dignidade de um ser humano não depende dos talentos que recebe ao nascer, mas do uso que deles faz.

Sempre se espera que o líder de uma equipe seja o que tem o mais alto grau de inteligência emocional, pois esta é uma das habilidades fundamentais para as organizações empresariais. Faz parte da inteligência emocional lidar com seus próprios afetos – entendendo afeto no sentido de ser afetado pelo outro ou pelo ambiente.

Também sabemos pela neurociência, graças à descoberta do neurônio-espelho, muito bem explicada por Daniel Goleman em seus livros, que a pessoa mais emocionalmente expressiva cria nos outros o mesmo estado emocional. Aí reside a importância do autoconhecimento.

Nunca diga não sou bom nisso. Lembre-se da mentalidade de crescimento. Diga sempre não sou bom ainda nisso. Podemos nos tornar melhores em tudo.

Daniel Goleman

A agilidade emocional é gerir seus pensamentos e emoções de forma a não ficar travado.

Susan David

TRABALHO, REALIZAÇÃO E FELICIDADE

Como hoje não separamos mais lazer de trabalho, buscamos a felicidade, a alegria e o sentido da vida em todas as coisas que fazemos.

 A moderna psicologia positiva define felicidade como a experiência de contentamento e bem-estar, combinada à sensação de que a vida possui sentido e vale a pena.

Sonja Lyubomirsky

A descoberta da neuroplasticidade trouxe importantes avanços para a compreensão da felicidade. Neuroplasticidade significa que nosso cérebro possui a capacidade de passar por mudanças estruturais e funcionais. Richard Davidson, neurocientista formado em Harvard, aborda a felicidade como uma habilidade que pode ser aprendida, treinada e desenvolvida. Grande parte de suas pesquisas é direcionada à meditação e ao *mindfulness* (atenção plena) como treinamentos mentais. A meditação matinal reduz as tensões do dia a dia. As práticas de meditação provocam a rápida recuperação do equilíbrio emocional.

Mas não se pode esquecer da grande importância da sociabilização. Estar com amigos, viajar e praticar esportes são atividades que contribuem para uma boa saúde física, mental e espiritual. A neurociência já comprovou que sociabilizar é tão importante quanto comer e beber para manter a vida do ser humano.

Precisamos ampliar o olhar para os momentos do cotidiano e descobrir quantas vezes podemos ser felizes com as simples relações do dia a dia em qualquer ambiente.

Conversando com um jovem CEO na Inglaterra, na semana em que foi anunciado lá um teste de redução da jornada semanal de trabalho, de cinco para quatro dias, o jovem executivo avaliou que essa proposta pode tender a demonizar o trabalho, nos levando a uma ideia de que trabalhar menos é ser mais feliz. Ao retirar um dia de atividade, passa-se a mensagem de que a busca por qualidade de vida está atrelada à ausência ou à redução do trabalho. O trabalho continuaria sendo algo indispensável, no entanto se formaria a crença de que quanto menos, melhor, pois ele "não é bom".

Em sua visão: "muito mais adequado seria promover esforços de melhorar a qualidade de vida dos colaboradores nas organizações, propor diálogos mais abertos e escutar suas dores e pensamentos. Contando com feedback claros, poderíamos ser cada vez mais originais e autênticos no tratamento das necessidades do ambiente de trabalho, dando ao dia a dia mais qualidade e aproximando o trabalho de um estilo de vida feliz. Trabalhar é algo essencial, e deve-se investir em melhorar as condições em vez de condenar o trabalho em si. Aprimorar as condições seria encontrar soluções adequadas e realistas para cada empresa em seu processo de crescimento. Uma empresa consegue prosperar mais em qualidade de vida no trabalho quando o sucesso financeiro vem suportando a evolução".

Nessa conversa com ele, ficou claro que sua visão é que a vida tem que ir acompanhando as mudanças do mundo.

Segundo a Pirâmide de Richard Barrett, fundador e presidente do Conselho do Barrett Values Centre, várias empresas já estão inseridas no seu modelo e alcançaram os valores da ética, compaixão e humildade.

SERVIR	7	SERVIÇO À HUMANIDADE E AO PLANETA. Responsabilidade social, futuras gerações, perspectiva de longo prazo, ética, compaixão, humildade.
FAZER A DIFERENÇA	6	ALIANÇAS ESTRATÉGICAS E PARCERIAS. Colaboração, consciência ambiental, envolvimento comunitário, realização funcionário, coaching mentoring.
COESÃO INTERNA	5	CRIANDO A COMUNIDADE CORPORATIVA. Valores compartilhados, visão, comprometimento, integridade, confiança, abertura e transparência.
TRANSFOR-MAÇÃO	4	RENOVAÇÃO /APRENDIZAGEM CONTÍNUA. Responsabilidade, adaptabilidade, empowerment, delegação, trabalho equipe, inovação, orientado por objetivos, crescimento pessoal.
AUTOESTIMA	3	ALTO DESEMPENHO. Sistemas, processos, qualidade, melhores práticas, orgulho na performance.
RELACIO-NAMENTO	2	RECONHECIMENTO FUNCIONÁRIO. Lealdade, comunicação aberta, satisfação cliente, amizade.
SOBREVIVÊNCIA	I	ESTABILIDADE FINANCEIRA Valor acionista, lucro, crescimento organizacional, saúde e segurança para funcionário.

Fonte: Barrett, *O novo paradigma da liderança* (2014, p. 204).

Empresas que buscam atingir o patamar de Barrett conseguem crescer no mercado e melhorar o seu ambiente interno. Isso gera maior segurança psicológica e, consequentemente, um bom desempenho no trabalho.

Segundo Paul Zak, comparadas com pessoas que trabalham em ambientes inseguros, aquelas que atuam em organizações com elevada segurança psicológica apresentam:

-40% EM BURNOUT
-74% EM ESTRESSE
+ 50% EM PRODUTIVIDADE
+ 70% EM ENGAJAMENTO
+106% EM VITALIDADE

Fonte: Zak, P.J. The Neuroscience of trust. HBR
Informações baseadas no Instituto de Feliciência.

As relações de trabalho requerem respeito, modéstia, harmonia e clareza quanto à diferença entre ambição e ganância — a ambição empurra a civilização para frente, enquanto a ganância leva para o caminho da falta de valores. No mundo complexo de hoje, trabalho, realização e felicidade podem se entrelaçar em um mesmo projeto genuíno.

Rob Riemen tinha a proposta de tornar acessíveis às pessoas, no mundo todo, os valores da autêntica tradição humanista na cultura e na filosofia quando fundou o The Nexus Institute, na Holanda, em 1994. Abaixo a frase que retrata um pouco o pensamento do escritor formado em Teologia na Tilburg University:

Felizmente, em uma viagem de negócios nem todo compromisso precisa ser de trabalho.

Rob Riemen

Em uma passagem de seu livro, Rob Riemen conta como eram os dias de Thomas Mann, o grande escritor da monumental *Montanha Mágica*, em sua época. Levantava às sete da manhã para o café e o desjejum. Às nove horas se retirava para sua escrivaninha para trabalhar. À uma da tarde, almoço, leitura do jornal e caminhada. Às três da tarde, leitura da correspondência e estudo. Às cinco, chá e encontro com amigos. Depois do jantar, música. Na hora de dormir, prestava contas ao seu diário do que fizera com seu tempo. Para Thomas Mann, o tempo é a nossa posse mais valiosa. Podemos aqui dizer que este homem do século XIX equilibrava perfeitamente seus dias entre trabalho, lazer, esportes e amigos. É esse equilíbrio que vale para o saber viver do homem do século XXI, para não cair na doença do século, a depressão.

Prenda o tempo! Use-o de forma útil! esteja atento a cada dia, a cada hora! Se não prestar atenção a ele, passa rápido demais.

Thomas Mann

DA BIOLOGIA À BUSCA DA PEQUENA ÉTICA

Bruce Lipton é o autor do *best-seller A biologia da crença*, que fala sobre epigenética. A epigenética estuda os modos como o meio ambiente, por mecanismos complexos, pode alterar o funcionamento das células e até traços de hereditariedade sem mexer diretamente no DNA. "Epi" é um prefixo que mais ou menos significa "sobre", no sentido de "em cima". Literalmente por cima da genética.

Chegou até nós, então, a grande descoberta de como é importante o ambiente em que vivemos e a forma como vivemos nele. Bruce Lipton demonstrou que o estresse diário deste século XXI alavanca doenças que, até então, pensávamos que fossem genéticas ou hereditárias. Com base em seus ensinamentos, além de podermos criar um ambiente saudável para convivermos no trabalho, na vida social ou em família, podemos, também, assegurar a vinda de bebês que conhecerão o jeito saudável de vivermos nossa vida.

Também temos noções, pelas pesquisas do holandês Frans de Waal, autor do *best-seller A era da empatia*, a respeito de como a espécie humana evoluiu. Descobrimos que não foram os mais fortes dos nossos ancestrais que sobreviveram às adversidades diárias, mas aqueles que tinham mais facilidade de adaptação à empatia e à permanência em grupos, tornando-se assim mais fortes.

Chegamos a um ponto importante da reflexão deste livro: existem hoje muitas novas descobertas, muita informação, muitas mudanças de paradigmas. Como se manter minimamente informado para atingir uma melhor qualidade de vida?

LIVRO-TEIA

Tentarei nos capítulos que seguem tratar de temas independentes, mas entrelaçados, e que podem ser lidos sem uma sequência – como uma teia –, tentando trazer à luz do conhecimento do leitor descobertas importantes do mundo científico contemporâneo. Essas novidades vêm numa onda complexa impossível de deter. Então só nos resta aprender a surfar nela.

Encerrando esse tema, trazemos a grande questão do poder da conexão – tratada no século XVII como a arte da conversação –, sustentada pelos valores comportamentais indispensáveis à nova trajetória contemporânea embasada na transparência: a ética.

Não é tão difícil manter relacionamentos leves e agradáveis sem perder a capacidade de opinião e argumentação, quando dominamos a arte da conversação. Infelizmente, essa arte foi se perdendo ao longo da trajetória histórica de tantos acontecimentos culturais, políticos e econômicos, desde a Revolução Industrial até as novas Revoluções Tecnológicas.

Nesse sentido, cabe refletir sobre um tema que tem sido ressignificado ao longo do século XXI: a etiqueta. Equivocadamente percebido como algo superficial, esse tema abrange um comportamento amplo que poderia ser chamado de pequena ética do dia a dia. Um exemplo simples: ao tentar estacionar o seu carro, não atravesse na frente de alguém, permita que a pessoa estacione e busque outra vaga. Mais uma situação do exercício da pequena ética no dia a dia é manter o diálogo em ambientes profissionais, sobretudo hoje, com a tendência dos escritórios abertos em que as pessoas estão em permanente contato. Pierre Bourdieu nos diz que "não devemos ter boas maneiras, mas sermos elegantes". A partir dessa citação, propomos algumas ideias para nossa reflexão.

E se descobríssemos o valor de "ser" e não de "ter", não estaríamos contribuindo tanto para nossa geração quanto para as próximas?

Vivemos em um mundo tão complexo que as pessoas não conseguem se entender e, muitas vezes, sofrem de solidão e estresse, por não conseguirem administrar suas emoções e, consequentemente, não se abrirem ao diálogo, que é essencial ao convívio diário em família e no trabalho.

Todo este conteúdo que apresentamos está relacionado à transparência necessária neste milênio. Por isso, vejo a importância de trazer o tema da ética.

—

As relações de trabalho requerem respeito, modéstia, harmonia e clareza quanto à diferença entre ambição e ganância — a ambição empurra a civilização para frente, enquanto a ganância leva para o caminho da falta de valores.

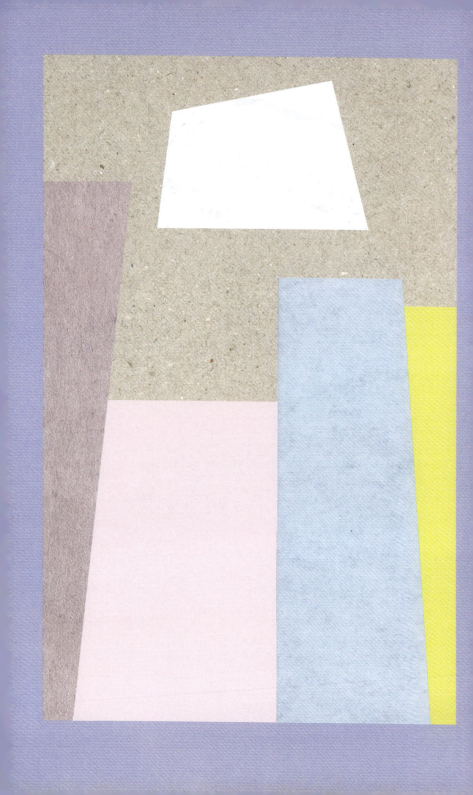

CAPÍTULO II

Autoconhecimento

Fechar os olhos e olhar para dentro de si, se deter e se demorar, silenciar e se conectar com seu eu mais profundo: o autoconhecimento é, antes de tudo, descobrir e aceitar como somos.

"Mesmo que você tenha lido todos os livros, mas não conhece a si mesmo, o que é que sabe, então? Mesmo que possua toda a sabedoria, mas não conhece as pessoas, o que pode fazer?"

Sócrates

Quantos de nós podem dizer que realmente conhecem a si mesmos? Quantos de nós sabem o significado de "se conhecer"? Nesta aventura que é nossa vida, estamos conectados diariamente a muitas pessoas e profundamente envolvidos em distintas relações.

Nosso atual modo de vida nos impede de refletir sobre ações e decisões – refletir é um hábito grego e muito antigo. Se soubéssemos da importância do autoconhecimento, talvez pudéssemos abrir um espaço na nossa rotina para desenvolvê-lo.

Conhecer a si mesmo significa, como diz Byung-Chul Han, em seu livro *Favor fechar os olhos: em busca de um outro tempo*, olhar para dentro de nós mesmos não quando estamos cansados e exauridos, mas quando ainda temos a capacidade de decidir fazer uma pausa – em um tempo em que se perdeu a capacidade de concluir.

Fechar os olhos e olhar para dentro de si, se deter e se demorar, silenciar e se conectar com seu eu mais profundo: o autoconhecimento é, antes de tudo, descobrir e aceitar como somos. Cada ser é singular no universo, e disso precisamos saber para respeitarmos essa singularidade tão valiosa da condição humana.

Acredito que o autoconhecimento leva à generosidade, tanto consigo mesmo quanto com o outro. Isso abre um horizonte de possibilidades para nos relacionarmos com pessoas diferentes, mesmo em ambientes hostis.

Precisamos desenvolver a capacidade de nos concentrarmos no que está em nosso poder e não no que nos escapa. O que é externo a nós não está em nosso poder, mas está em nosso poder a nossa interioridade. Isso inclui as paixões, as emoções e os afetos. Para isso precisamos do exercício das virtudes da sabedoria, da justiça, da coragem e da temperança. A sabedoria pode ser desenvolvida na relação com os outros e nas experiências diárias ao estudarmos e trabalharmos. Nesses espaços, vivemos relacionamentos que nos constroem e, refletindo sobre eles, crescemos através do outro. A justiça, segundo o filósofo holandês Baruch Spinoza, é a disposição constante da alma a atribuir a cada um o que lhe cabe. Temperança é o exercício da moderação. E a coragem é a fortaleza a ser buscada ao longo da vida – é necessário coragem para viver.

Se queremos um mundo melhor, precisamos mudar o *ethos* social, e desenvolver um comportamento baseado em conexões humanas e na generosidade.

TEMPO PARA ESTAR JUNTO

O tempo liberado graças ao avanço tecnológico pode ser gasto em proveito do saber de si e de um melhor convívio com os outros.

A tecnologia veio para reduzir o tempo gasto em trabalhos rotineiros e maçantes, liberando tempo para o exercício da criatividade e para a busca de um propósito.

Por exemplo, um médico que usa hoje um software para registrar os resultados dos exames dos pacientes pode ter seu tempo alongado pela tecnologia para se autodesenvolver, oferecer uma consulta com mais conexão ou escolher praticar uma atividade de lazer que lhe seja gratificante.

Investir em capital humano é um desafio para a nova economia. Isso mudará a sociedade.

Nunca na história da humanidade conseguimos alcançar uma melhor qualidade de vida para tantas pessoas. Ao contrário de muitos que pensam que o mundo hoje está pior, acredito que nunca vivemos tão bem se compararmos ao passado.

As cidades conseguiram avançar em muitas áreas e algumas buscaram soluções de sustentabilidade. A tecnologia tem trazido oportunidades nunca vistas, e a medicina tem avançado aumentando nossa expectativa de vida. Inúmeros cientistas ocidentais, em diferentes pesquisas relacionadas à qualidade de vida global, concluíram que houve uma melhora nas últimas décadas. O mundo ainda não é como gostaríamos que fosse, estamos pouco a pouco ganhando em qualidade, cada vez para mais pessoas.

Uma reflexão sobre o uso do nosso tempo pode ser encontrada nas ideias de Dominique Wolton: o que fazemos com o tempo que ganhamos?

Este é o grande questionamento do sociólogo francês – autor dos livros *É preciso salvar a comunicação e informar não é comunicar*. No mundo contemporâneo, encurtamos distâncias e flexibilizamos nosso tempo. Paradoxalmente, seguimos afastados uns dos outros e tendendo ao individualismo.

Pois o tempo ganho é, muitas vezes, despendido nas redes sociais. Em seu autoconsumo, elas são viciantes e nos consomem, assim como impulsionam um desenfreado consumo, segundo o pesquisador em sociologia Vincenzo Susca.

Em contrapartida, percebe-se o desejo de "estar junto", presente, por exemplo, em alguns esportes: surfar, esquiar e praticar windsurf. Esta busca por atividades individuais, mas praticadas em grupo, tem esboçado uma reação ao excesso de competitividade que caracteriza o mundo contemporâneo. Nesses esportes, quando recreativos, não existe a competição, mas a parceria de dividir bons momentos.

Estes movimentos de aproximação trazem para dentro dos grupos diversidade e diferentes pensamentos, proporcionando o início da mudança do *ethos* social.

OFICIAL E OFICIOSO

Como diz o autor Michel Maffesoli, podemos perceber esses movimentos como oficiosos. Isto é, um processo que acontece silenciosamente e que pode levar a uma mudança de paradigmas. Oficial é aquilo que está estabelecido, enquanto oficioso é o que está começando a se formar.

O tripé dos valores modernos da sociedade oficial é: razão, trabalho e progresso. A nova geração acentua não o trabalho, mas a criação. Não o progresso, mas o presente. Não a razão, mas a imaginação. Há um fosso, pelo menos por enquanto, entre o oficial e o oficioso.

O autor também explica que a sociedade oficiosa é aquela que cria seus próprios espaços, um lugar para se encontrar, cantar, eventualmente protestar, tirar proveito dos encontros para "estar junto à toa".

Percebe-se em nossa sociedade que, apesar de existirem regras rígidas no cumprimento de horário para muitas profissões – o oficial, segundo Maffesoli –, está nascendo em paralelo um movimento oficioso no qual as pessoas buscam desenvolver seus trabalhos em diferentes ambientes, não necessariamente na sua casa ou no seu local profissional.

Essas pessoas procuram por lugares onde profissionais de diferentes campos se encontram para debater sem necessariamente terem um objetivo final. Aqui em minha cidade, Porto Alegre, um grupo de jovens empreendedores criou um local chamado Instituto Caldeira, um espaço multidisciplinar.

Steven Johnson, em palestra na conferência Fronteiras do Pensamento, em 2022, nos disse que devemos ficar próximos de pessoas que têm perspectivas diferentes e vêm de outras áreas. Ele defende a importância de uma rede diversificada que possibilite a explosão de novas ideias a partir da colisão de distintos pontos de vista.

As grandes descobertas nem sempre surgiram em ambientes formais e oficiais, mas muitas vezes em momentos de descontração entre pessoas de identidades, pensamentos e experiências diferentes.

Um espaço multidisciplinar ou um espaço de convivialidade promove movimentos que podem, com o tempo, mudar antigos paradigmas e abrir novas possibilidades para o futuro, seja na área da medicina, da educação ou na geração de futuros negócios.

Nos entremeios das grandes palestras realizadas em grandes espaços culturais – que vão se tornando cada vez mais impessoais –, vão surgindo pequenos espaços nos quais a arte da conversação já está sendo colocada em prática.

Eu criei um desses espaços, onde recebo palestrantes, mestres e doutores para trocarem ideias com no máximo quinze pessoas. O resultado destes encontros está sendo muito positivo. Por que promovo estes eventos? Porque acredito que mesmo num grande campo de centeio, uma só semente pode fazer a diferença na hora da colheita. Neste mundo complexo em que vivemos, conversar pode nos fazer crescer assim como aos outros.

Não é o autoconhecimento um passo fundamental para viver em harmonia neste ambiente complexo e diversificado?

UMA BUSCA, VÁRIOS CAMINHOS

O autoconhecimento pode ser buscado em diversos espaços, desde uma simples amizade, numa conversa entre amigos, até na busca de uma psicoterapia. Por exemplo, um diálogo filosófico e existencial com amigos próximos ou familiares pode ser construtivo.

> *Uma conversa significativa é a melhor forma de examinar a sua vida e fazer com que o esforço de viver valha alguma coisa.*
>
> **Sócrates**

Os livros também podem nos auxiliar no autoconhecimento. Tive uma experiência interessante com a leitura do livro *Talvez você deva conversar com alguém*, da autora Lori Gottlieb, que me trouxe muitos insights. A autora conta histórias da sua vivência com seu terapeuta e de seu trabalho com seus pacientes.

Em certo momento, ela faz um comparativo entre o sofrimento da paciente que frequenta seu consultório e o sofrimento dela própria no consultório do seu analista: "O que deveria ser aceito e o que deveria ser mudado na própria vida? E que nível de desconforto emocional ela estaria disposta a suportar para descobrir?" Este questionamento da escritora me levou a refletir sobre quantas vezes em minha vida eu não mudei a realidade das coisas por não querer enfrentar um desconforto emocional. Pode ser muito difícil mudar as coisas, ou até mesmo perceber o que precisa ser mudado.

A autora relembra uma consulta na qual o analista dela lhe diz: "Lembrei-me de um desenho animado clássico, de um prisioneiro balançando as grades, tentando desesperadamente escapar... Mas à sua direita e à esquerda, a cela está aberta, não há grades". Lendo este trecho, me dei conta de que com frequência somos nós os nossos próprios carcereiros. E talvez tenhamos que abraçar alguns desafios para enfim enxergar que logo ao lado estão as soluções que buscamos.

Agora voltando à importância da tecnologia, ela também nos possibilita ter acesso a cursos com filósofos, terapeutas e psicanalistas, cientistas e muitos outros profissionais que podem nos proporcionar autoconhecimento.

Através do teatro e do cinema, podemos nos reconhecer em papéis com os quais queremos ou não nos identificar. O lúdico e a arte em geral abrem múltiplas possibilidades de reflexões. Um passo a mais para o autoconhecimento.

A busca da psicoterapia e da psicanálise nos dá a possibilidade de nos questionarmos acompanhados de um especialista. Tratamentos psicoterápicos e psicanalíticos têm se tornado mais acessíveis.

Uma rápida pesquisa empírica me mostrou que há muitos locais com psicólogos, psicanalistas e psiquiatras com atendimento a preços acessíveis em hospitais-escolas e centros de atendimento à comunidade.

Temas existenciais e subjetivos envolvem e fascinam muitas pessoas, que conversam, dialogam e questionam-se a respeito de tudo, como faziam os filósofos na época da Grécia.

Luc Ferry, em seu livro *Aprender a viver*, nos traz uma ideia muito importante relacionada a esse assunto: buscar na filosofia respostas para uma vida melhor. Ele coloca a filosofia ao alcance de todos como outra opção além da psicologia e das religiões. Epicuro, por exemplo, define a filosofia como a "medicina da alma". O filósofo é, antes de tudo, aquele que pensa que, conhecendo o mundo, compreendendo a nós mesmos e aos outros, viveremos melhor.

> *Além do conhecimento do mundo e da história na qual nossa existência acontece, precisamos nos interessar pelos outros, por aqueles com os quais vamos atuar. Como viver com o outro, que regras adotar, como nos comportar de modo "vivível", útil, digno, de maneira "justa" em nossas relações com outros? Esta é a questão da segunda parte da filosofia, a prática, que pertence à esfera ética.*

Luc Ferry

A DESCOBERTA DAS INTELIGÊNCIAS

Falaremos agora sobre a teoria das inteligências múltiplas de Howard Gardner. Este autor demonstra sete tipos de diferentes inteligências em seu livro, *Inteligências múltiplas: a teoria na prática*. Falando a respeito de como aplicamos nossa capacidade intelectiva, ele definiu as diferentes inteligências que podemos possuir ou desenvolver.

Importante acentuar que, ao desenvolvermos habilidades socioemocionais, podemos impactar positivamente no que estivermos engajados. E assim essas habilidades contribuem para vencermos nossas fragilidades, proporcionando bem--estar.

Mais tarde, Howard Gardner propôs duas novas dimensões de inteligência, além das sete previamente estudadas: a inteligência naturalista e a inteligência existencialista. Esse novo conjunto tornou-se conhecido como teoria das inteligências múltiplas. De acordo com o autor, se soubermos identificar em qual área temos mais habilidades, poderemos melhorar nosso desempenho em qualquer atividade.

Então, a teoria das inteligências múltiplas pode auxiliar no desenvolvimento pessoal. Em geral não paramos para pensar nisso, mas percebemos, por exemplo, que algumas pessoas têm mais habilidades para interpretar um texto, enquanto outras têm mais desenvoltura para falar. Se conhecemos nossas habilidades, provavelmente poderemos obter mais êxito quando estivermos diante de algum desafio. Somos seres predispostos a aprender, e por isso desenvolver habilidades pode ser muito fácil. A seguir os tipos de inteligência citados pelo professor de Harvard Howard Gardner, com uma breve explicação de cada uma delas:

A) INTELIGÊNCIA LINGUÍSTICA: a capacidade de usar as palavras de forma efetiva, quer oralmente, quer escrevendo.

B) INTELIGÊNCIA INTERPESSOAL: a capacidade de perceber e fazer distinções no humor, intenções, motivações e sentimentos de outras pessoas.

C) INTELIGÊNCIA INTRAPESSOAL: o autoconhecimento e a capacidade de agir adaptativamente com base neste conhecimento.

D) INTELIGÊNCIA LÓGICO-MATEMÁTICA: a capacidade de usar os números de forma efetiva, o raciocínio lógico e o uso da razão.

E) INTELIGÊNCIA MUSICAL: a capacidade de perceber (por exemplo, como um aficionado por música), discriminar (como um crítico de música), transformar (como um compositor) e expressar (como um musicista) formas musicais. Esta inteligência inclui sensibilidade ao ritmo, tom, melodia e timbre de uma peça musical. Podemos ter um entendimento figural ou geral da música (global, intuitivo), um entendimento formal ou detalhado (analítico, técnico), ou ambos.

F) INTELIGÊNCIA ESPACIAL: a capacidade de perceber com precisão o mundo visuoespacial (por exemplo, como caçador, escoteiro ou guia) e de realizar transformações sobre essas percepções (por exemplo, como decorador de interiores, arquiteto, artista ou inventor). Esta inteligência envolve sensibilidade a cor, linha, forma, configuração e espaço. Inclui, também, a capacidade de visualizar, de representar graficamente ideias visuais e de orientar-se apropriadamente em uma matriz espacial.

G) INTELIGÊNCIA CORPORAL-CINESTÉSI-CA: perícia no uso do corpo todo para expressar ideias e sentimentos (por exemplo, como ator, mímico, atleta ou dançarino) e facilidade no uso das mãos para produzir ou transformar coisas (por exemplo, como artesão, escultor, mecânico ou cirurgião). Esta inteligência inclui habilidades físicas específicas, tais como coordenação, equilíbrio, destreza, força, flexibilidade e velocidade, assim como capacidades proprioceptivas, táteis e hápticas.

H) NATURALISTA: traduzida como sendo uma sensibilidade para compreender e organizar fenômenos e padrões da natureza, reconhecendo e classificando animais, plantas, rochas, minerais e toda a variedade de características próprias do meio ambiente natural. É comum em biólogos e geólogos, por exemplo.

I) EXISTENCIAL: ainda pouco investigada, a inteligência existencial abrange a capacidade de refletir, questionar e ponderar sobre questões que são, hoje, consideradas fundamentais para a existência humana. A inteligência existencial é encontrada em líderes espirituais e pensadores filosóficos importantes para o mundo, como, por exemplo, Dalai Lama.

Essas diferentes inteligências apresentam distintos níveis de aptidão e é importante sabermos que elas não são estáticas. Nesse sentido, em cada momento da vida podem predominar umas ou outras.

Nos últimos anos, o tema espiritualidade vem sendo debatido por diversas áreas do conhecimento, como teologia, ciência, religião, medicina, psicologia, educação, administração. O tema então ultrapassa os espaços institucionais das religiões, comprovando que a espiritualidade independe de religião. Nas duas últimas décadas, até mesmo a Organização Mundial de Saúde (OMS) incluiu a espiritualidade como uma das dimensões humanas que devem ser levadas em consideração no conceito multidimensional de saúde.

Aproveito este momento para trazer um pouco de conhecimento sobre inteligência espiritual. No início do século XX, o QI, ou quociente de inteligência, tornou-se conhecido de todos. Psicólogos desenvolveram testes para classificar o grau de inteligência dos indivíduos. Dizia esta teoria que quanto mais alto o QI, maior a inteligência. Em 1990, Daniel Goleman popularizou as pesquisas sobre inteligência emocional, a QE. Essa inteligência nos dá a percepção de nossos sentimentos e do sentimento dos outros, dando-nos empatia, motivação e compaixão. E, no final do século XX, cientistas mostraram que existe um terceiro "Q": o quociente espiritual, a inteligência com a qual abordamos e solucionamos problemas de sentido e valor, como um gerador de significado. Os autores Danah Zohar e Ian Marshall falam em seu livro sobre inteligência espiritual:

O que torna a vida digna de ser vivida? Somos impulsionados, na verdade determinados, por um anseio especificamente humano, o de encontrar sentido e valor no que fazemos e experimentamos.

Minha inteligência emocional (QE) me permite julgar em que situação me encontro e comportar-me apropriadamente dentro dela. Já minha inteligência espiritual (QS) permite que eu me pergunte se quero estar nesta situação ou sair dela. E será que eu não poderia mudá-la, criando outra melhor?

Isto é, refletir sobre o bem e o mal, sonhar, aspirar, superar situações difíceis. Também para Howard Gardner, conforme ele fala em seu livro *Inteligências múltiplas*, todos os tipos de inteligência são variações do QI, do QE e do QS. Para Daniel Goleman, a inteligência emocional permite decidir como se comportar em certas situações, já a inteligência espiritual nos faz perguntar se queremos estar em alguma situação em particular ou não. Então o QS permite sermos criativos, termos a chance de mudar as regras e abrir novas possibilidades em muitas situações. Ou seja, a inteligência espiritual nos faz reconhecer os valores existentes e nos possibilita criativamente descobrir novos valores. Em condições ideais, as três inteligências básicas funcionam juntas e se apoiam mutuamente. Por condições ideais, queremos dizer que estamos no controle de nossas emoções, reconhecemos nossas capacidades intelectuais e podemos, então, estar preparados para usufruir de nossa inteligência espiritual.

Vamos falar do exemplo das crianças, que, segundo o psiquiatra infantil Robert Coles, demonstram alto grau de inteligência espiritual. "Por quê"? Esta pergunta típica das crianças demonstra que elas buscam sentido em suas novas experiências. A inteligência espiritual nas crianças está livre, pois ainda não foi presa em pressupostos que nós, adultos, construímos durante a vida.

Nós, adultos, se descobrirmos em nós a luz do QS e resgatarmos nossas crianças internas, estaremos abrindo nosso olhar para alegria e criatividade.

Temos que aprender novamente a ver o mundo com os olhos das crianças.

Henri Matisse

UM ELEFANTE CHAMADO EMOÇÃO

O jornalista, psicólogo e escritor estadunidense Daniel Goleman, considerado o pai da Inteligência Emocional, trouxe uma abordagem ímpar a temas relacionados ao autoconhecimento. Em suas obras, ele destaca muitos aspectos importantes das últimas descobertas das ciências a respeito do quanto somos programados para viver em contato social, com empatia, cooperação e altruísmo, o que justifica ainda mais a necessidade de desenvolvermos o autoconhecimento.

Segundo Carla Tieppo, neurocientista e palestrante, as pessoas têm uma visão negativa das emoções, e por isso deixam de tirar proveito delas. Usando uma metáfora, imagine-se em duas situações diferentes: carregando um elefante ou montando nele. Se as emoções pesam como um elefante em nossa vida, em vez de carregá-las como um peso, por que não pegar carona? Para conduzir a vida e torná-la mais leve e feliz, nada melhor do que conhecer as emoções.

O conhecido filme *Divertida Mente*, que é uma animação da Disney, aborda o tema da inteligência emocional de forma simples e didática. Nele podemos ver que todas as emoções importam. Existe em nós um desejo de fugir da tristeza e da raiva. No entanto, boas coisas também podem surgir das emoções consideradas negativas. A raiva, por exemplo, se não nos deixarmos levar por ela sendo impulsivos, podemos usar a nosso favor. Quem já não passou por situações complicadas em seu trabalho com chefe ou colegas e teve vontade de dizer algumas verdades? Ao se segurar, você provavelmente pegou carona na raiva e seguiu em frente em suas atividades. E quantas vezes essa atitude não lhe trouxe satisfação por poder continuar em seu emprego normalmente no dia seguinte?

Pensemos em alguma situação da vida que ficou gravada em nossa lembrança. Ela não estaria associada a uma grande carga emocional? Por exemplo, posso não me lembrar do que eu comi no café da manhã de ontem ou do que eu estava fazendo há um ano nessa mesma data, mas se perguntarmos a qualquer pessoa o que ela estava fazendo no dia 11 de setembro de 2001 quando recebeu a notícia das torres derrubadas em Nova Iorque, todos se lembrarão do que estavam fazendo. Se uma criança, com pais muito severos, for chamada a atenção sempre que fizer alguma coisa fora do esperado, ela vai nutrir um sentimento de raiva ou de desprezo que, provavelmente, terá um impacto no seu desenvolvimento, devido à negativa carga emocional à qual foi submetida.

—

*Para encontrarmos o sentido
da vida e atingirmos um
nível de espiritualidade, não
precisaríamos, primeiro, encontrar
uma harmonia interna?*

CAPÍTULO III

Generosidade

O homem contemporâneo, com acesso tão fácil ao conhecimento e usando a tecnologia a favor do seu tempo, pode ter magnanimidade e nobreza de espírito para poder escolher livremente ser generoso ou não.

Esperar um pouco menos, amar um pouco mais (2006, p. 62).

Luc Ferry

De todas as virtudes tratadas neste livro, a generosidade é a mais importante, uma vez que atravessa todas as outras. Como podemos trabalhar o autoconhecimento sem termos generosidade com nós mesmos? Como desenvolver a empatia e a compaixão sem sermos generosos com o outro? Como desenvolver um bom relacionamento e um bom diálogo se não pararmos para ouvir o que o outro tem a nos dizer?

O grande potencial da generosidade é aumentar a dimensão da compreensão que os relacionamentos exigem e assim promover uma melhor qualidade de vida.

A generosidade é o caminho mais potente para a geração de bem-estar duradouro.

Richard Davidson

A generosidade tem sido apontada por psicólogos, neurocientistas e economistas como a habilidade capaz de mudar o jogo da humanidade.

Generosidade, felicidade e bem-estar estão entrelaçados e vamos, com ajuda do livro *Feliciência*, da professora e pesquisadora Carla Furtado, conduzir uma reflexão sobre a construção da felicidade a partir do bem-estar com o exercício da generosidade.

O século XXI tem sido capaz de produzir muito conhecimento nesta área com a contribuição da psicologia positiva. Ao mesmo tempo, o desenvolvimento da neurociência, alavancada pela tecnologia, permite a compreensão da felicidade a partir da visualização da estrutura e da atividade cerebral com a ressonância magnética.

Conforme relembra a autora, o cérebro possui a capacidade de realizar mudanças estruturais e funcionais, fenômeno chamado de neuroplasticidade. Em 1960, cientistas evidenciaram que o cérebro humano nunca atinge um ponto fixo a partir do qual não poderia mais se modificar. Em 1973, ano que é considerado um marco para a evolução do conhecimento sobre a plasticidade cerebral, comprova-se o mecanismo de reforço de sinapses. E os avanços sobre neurogênese em adultos — formação de novos neurônios — mudaram a compreensão do sistema nervoso humano.

Durante toda a vida, o cérebro continua a se modificar.

No século XXI, Richard Davidson estabelece a relação entre neuroplasticidade e felicidade. Ele nos traz o conhecimento de que o bem-estar é uma habilidade que pode ser treinada. Existem evidências de que uma rotina de treinamento pode até mesmo criar novos circuitos neurais, remodelando as regiões ativadas do cérebro. Outras evidências mostram que atos de generosidade têm um efeito duplo: trazem felicidade para quem é generoso e para quem é beneficiado. É tempo de cultivar as *Happiness Skills* (habilidades para felicidade). No capítulo *Neurociência da felicidade*, Richard Davidson analisou, por meio de ressonâncias magnéticas, quais partes do cérebro são ativadas quando estamos com depressão ou quando estamos felizes. Então, se aprendermos a ativar a área esquerda do lobo pré-frontal do cérebro, responsável pela felicidade, podemos aprender a ser felizes.

Claro que não podemos esquecer que, para serem adquiridas, as habilidades exigem esforço, vontade, disciplina e continuidade.

 Não nascemos hábeis, nos tornamos hábeis (2022, p. 98).

Carla Furtado

SEGMENTAÇÃO DAS HABILIDADES

Hard Skills	Habilidades técnicas
Soft Skills	Habilidades socioemocionais
Happiness Skills	Habilidades socioemocionais capazes de elevar o bem-estar

Fonte: Furtado (2022, p. 99).

Nós somos o que repetidamente fazemos. A excelência, então, não é um ato, mas um hábito.

Will Durant

O bem-estar é uma habilidade.

Richard Davidson

Segundo Richard Davidson, citado no livro *Feliciência*, temos quatro habilidades socioemocionais que impactam diretamente na nossa percepção de felicidade: atenção plena, resiliência, *savouring* – capacidade de apreciação da vida – e generosidade.

A generosidade é uma virtude sempre acompanhada por habilidades emocionais, todas aquelas que nos tiram da postura autocentrada em prol do outro, de alguma causa ou da humanidade. O Relatório Mundial da Felicidade de 2019, que indica o estado de felicidade global em mais de 150 países com base na satisfação dos cidadãos em relação a suas vidas, e que tem a chancela da ONU, trouxe, em um dos capítulos, a seguinte consideração:

Se queremos um mundo com mais emoções positivas, um mundo mais feliz, precisamos mudar o ethos social, a forma de comportamento. Precisamos construir um ethos baseado em conexão humana e generosidade.

Relatório Mundial da Felicidade – ONU, 2019

Richard Davidson, fundador do Center for Healthy Minds, da Universidade de Wisconsin-Madison, explica os quatro componentes do bem-estar. Esses componentes estão enraizados em circuitos cerebrais específicos que exibem neuroplasticidade, o que significa que temos a oportunidade de melhorar nosso bem-estar com a prática. O neurocientista define em duas palavras o título e a conclusão de sua pesquisa: bem-estar, uma habilidade.

Ele nos dá a visão de que viver com bem-estar, fundamentalmente, não é diferente de aprender a tocar violoncelo. Isto é, a prática é o elemento-chave, neurocientificamente validado.

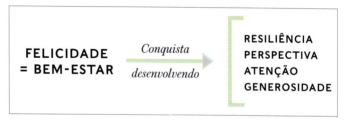

RESILIÊNCIA: é a rapidez com a qual você se recupera das adversidades. Pessoas que se restabelecem mais rápido demonstraram em circuitos neurais-chave níveis mais altos de bem-estar. Essas pessoas estão protegidas, de muitas maneiras, dos imprevistos da vida.

Não podemos deixar de citar aqui o papel fundamental das práticas de meditação e *mindfulness* para aumentar a resiliência. *Mindfulness* significa atenção plena, primeiro requisito para se meditar. Portanto, *mindfulness* faz parte da meditação, mas meditação não é só *mindfulness*.

PERSPECTIVA (*savouring*): é a capacidade de ver o positivo nos outros, de saborear experiências positivas, de ver no outro ser humano uma bondade nata. Perspectiva é principalmente um olhar bom sobre nossa vida e sobre nossas experiências.

ATENÇÃO PLENA: onde está sua mente agora, ela está focada no que você está fazendo ou está em outro lugar?

> *Uma mente errante é uma mente infeliz.*
>
> **Killingsworth e Gilbert**

Esta característica do mundo contemporâneo que nos leva a fazer várias atividades ao mesmo tempo, distraindo nossa mente, pode ser solucionada, também, por meio de um contato maior com tradições contemplativas como veículo para educar a nossa atenção.

GENEROSIDADE: existe uma infinidade de dados cientificamente comprovados que mostram que um indivíduo ativa circuitos cerebrais fundamentais para promover o bem-estar quando se envolve em ações generosas e quando exerce comportamento altruísta. Trata-se de uma neurociência da generosidade.

A título de curiosidade, a palavra "generosidade" contém a raiz latina que significa gerar, fazer nascer.

Além de ser uma habilidade que pode ser desenvolvida se quisermos, a generosidade abriga outras habilidades como altruísmo e bondade.

GENEROSIDADE E JUSTIÇA

Gostaria de citar o grande filósofo vivo contemporâneo André Comte-Sponville, que escreveu *O pequeno tratado das grandes virtudes*.

Segundo André Comte-Sponville, a generosidade é a virtude do dom, não se tratando apenas de atribuir a cada um o que é seu, mas de oferecer o que se tem a quem não tem. Aqui o autor faz um comparativo com a justiça, por meio da qual oferecemos a cada um o que é seu, enquanto a generosidade doa com prazer o que é seu para o outro. O provérbio "É preciso ser justo antes de ser generoso, do mesmo modo que se tem camisas antes de se ter renda" nos relata a importância da justiça e da ética como algo essencial e básico para podermos dar os próximos passos em direção à generosidade. Nesse sentido, o essencial vem antes, mas isso não significa que hoje, com o novo *ethos* social se formando baseado em mais humanidade, a generosidade não tenha se tornado também tão essencial quanto a justiça e a ética.

A justiça está naquilo que se concede ao outro por direito, enquanto que a generosidade está no que se concede sem aguardar retribuição. A grande diferença está no fato de que a generosidade caracteriza-se por ser uma virtude altruísta por excelência. A justiça tem o poder de ser um objeto legítimo, amparado por leis, no sentido de uma pessoa exigir ser tratada de forma justa.

Comte-Sponville aponta que a generosidade tem mais a ver com sentimentos e emoções, enquanto a justiça é tida como um valor da ordem da razão.

De acordo com o artigo "Uma ligação neural entre generosidade e felicidade", publicado no periódico científico *Nature*, e que é fruto de um estudo baseado em neuroimagens, a felicidade tem conexão com nosso sistema de recompensa e prazer, ativando as áreas do cérebro do estriado ventral e do córtex orbitofrontal. Os resultados sugerem que, para alcançar a felicidade a partir de um comportamento generoso, as regiões do cérebro envolvidas na empatia e na cognição social precisam substituir o egoísmo em regiões cerebrais relacionadas à recompensa. Esses achados têm implicações importantes não apenas para a neurociência, mas também para a educação, a política e a economia.

A felicidade tornou-se uma importante área de pesquisa em todas essas disciplinas. Outras pesquisas também relacionam gratidão e felicidade. Praticar a gratidão e a generosidade é importante para todos que buscam a verdadeira felicidade. De fato, ensinar as crianças a demonstrar gratidão aumenta o aprendizado e reduz a prevalência de problemas de saúde mental, como a depressão.

A pesquisa da felicidade tem suas raízes no campo da psicologia positiva. Martin Seligman transformou a disciplina da psicologia em 1998, quando, em seu discurso presidencial ao American Psychological Association, ele aconselhou os pesquisadores a se concentrarem nas virtudes humanas e em pontos fundamentais da nossa existência, como a felicidade.

A psicologia positiva examina emoções positivas como a felicidade, prazer e bem-estar.

De acordo com Seligman, 50% do seu nível de felicidade depende da sua genética, pois o gene 5-HTT regula o transporte da serotonina em seu cérebro. Assim, quem tem a variante mais longa desse tipo de gene tende a viver mais feliz. Mas aqueles que não têm essa sorte genética ainda podem ser felizes, já que apenas 10% da felicidade depende das circunstâncias ou das condições da sua vida, e 40% dependem da sua vontade própria.

Os princípios da psicologia positiva têm sido usados em várias escolas em todo o mundo, como na Geelong Grammar School, na Austrália, para ensinar bem-estar aos jovens e, assim, aumentar a satisfação na vida.

GENEROSIDADE E AMOR

Os avanços científicos da neurociência comprovam que, ao sermos generosos, sofremos alterações nos neurotransmissores que geram uma sensação de felicidade ao percebermos a felicidade alheia. É como se partilhássemos de uma mesma frequência, podendo sentir a mesma sensação do outro.

É interessante pensarmos que quando estamos evoluindo como seres humanos e nos aperfeiçoando em novos conhecimentos, estamos mudando nosso estado de consciência. Também a sincronicidade que acontece em nossas vidas, que costumamos chamar de coincidências, é, na realidade, atração entre pessoas que vibram na mesma frequência ou no mesmo estado de consciência.

Em *O pequeno tratado das grandes virtudes*, Comte-Sponville afirma que "a generosidade é verdadeiramente generosa se ela for além do interesse em qualquer nível". Contudo, questiona: "como saber se o pouco que damos é generosidade de fato, ou se é o preço do nosso conforto moral?". Precisamos então trabalhar nosso autoconhecimento para sabermos se estamos genuinamente sendo generosos e pensando no outro e não apenas em nós mesmos.

O amor é generoso em relação às pessoas que amamos. Conforme o filósofo, "A ideia de me sentir generoso em relação aos meus filhos, que amo incondicionalmente, talvez não seja generosidade, mas puro amor". O que fazemos pelas pessoas que amamos não é virtude, pois para isso basta o amor. Nesse sentido, reflete o autor, "Como é que amo tanto meus filhos e tão pouco os filhos dos outros? É que meus filhos são meus, justamente, e eu me amo através deles". Isso não significa desmerecer a virtude de pais e mães que dedicam suas vidas ao cuidado de seus filhos. Mas alertarmos para o verdadeiro significado da generosidade, que, despida de qualquer interesse próprio e com olhar somente no outro, engrandece as qualidades de relacionamentos e a harmonia entre as pessoas.

GENEROSIDADE NA HISTÓRIA

Nos ensinamentos das antigas civilizações, podemos encontrar passagens sobre a generosidade e a misericórdia que sustentam o nosso conhecimento e senso comum transmitidos pela linguagem oral. A Bíblia e outros importantes livros de diferentes religiões são lidos até hoje por serem atemporais, e seus conhecimentos ainda fazem parte do nosso cotidiano.

Contudo, muitas frases em antigas escrituras tiveram suas interpretações distorcidas, assim como as teorias de Darwin, que diziam que o mais adaptável sobreviveria, mas as traduções se equivocaram e disseram que seriam os mais fortes. O homem civilizado do século XXI tem ferramentas de adaptação para ter domínio de suas próprias ações e habilidades emocionais.

O homem contemporâneo, com acesso tão fácil ao conhecimento e usando a tecnologia a favor do seu tempo, pode ter magnanimidade e nobreza de espírito para poder escolher livremente ser generoso ou não.

A grande questão moral, ética e espiritual do ser humano tem sido desenvolvida desde a época da existência da Babilônia, cidade central da civilização, na Mesopotâmia – fundada em 2300 a.C. O Talmud é um livro elaborado na época do exílio da civilização judaica na Babilônia, nele podemos encontrar ensinamentos "que dizem respeito à dignidade humana". São eles: as festividades, o dia do descanso, o jejum e o cuidado da terra. Isso não nos lembra assuntos da nossa contemporaneidade?

A generosidade e o respeito à dignidade humana, buscando o equilíbrio entre trabalho e lazer, percorrem uma trajetória ao longo da história da humanidade, sempre atrelados à época e ao estado do conhecimento humano. Por isso, precisamos ficar atentos às distorções geradas no decorrer do tempo e à necessidade do suporte da lei para organizar a sociedade.

Sabemos que cada religião ou cada civilização elegeu um dia de descanso: o islamismo na sexta, o judaísmo no sábado e o catolicismo no domingo, sem falarmos nas religiões orientais, que não determinam apenas um dia para o descanso, mas uma vida equilibrada.

Existe uma importante escala de valores escrita por Maimônides no século XII, nos reinos de Espanha, que aborda oito pontos importantes para a vida. Sua preocupação era desenvolver um sistema que funcionasse para a humanidade como uma escala de atos de justiça.

Esses oito níveis de caridade vão se tornando cada vez mais elevados.

8 O nível mais alto, acima do qual não existe outro, é apoiar um irmão, encontrar emprego para ele, a fim de fortalecer sua mão até que não precise mais ser dependente de outros...

7 Um nível abaixo em caridade é oferecer aos pobres sem saber para quem está doando, e sem que o receptor saiba de quem recebeu.

6 Um nível abaixo deste é saber para quem está doando, mas o receptor não conhece seu benfeitor.

5 Um nível abaixo deste é quando a pessoa não sabe para quem está doando, mas o pobre conhece seu benfeitor.

4 Um nível ainda mais abaixo é doar diretamente ao pobre, entregando na sua mão antes que lhe seja pedido.

3 Um nível inferior a este é quando alguém doa ao pobre após ter sido pedido.

2 Um nível ainda mais inferior é doar de maneira inadequada, mas alegre e com um sorriso.

1 O último nível é doar de má vontade.

Vale aqui reiterarmos a importância do oitavo nível, o nível no qual ajudamos outra pessoa a não depender mais de ajuda. Utilizando um vocabulário contemporâneo, adotando as palavras do rabino Guershon Kwasniewski, este nível é o mais elevado espiritualmente, pois, ao criarmos oportunidades de trabalho para as pessoas aprenderem a trabalhar, as tornamos outros doadores de caridade e não somente receptores.

O que a espiritualidade quer produzir?
O que esse dom produz se a intelectualidade, o intelecto, produz inteligências? A produção de espiritualidade tem dois elementos:
O primeiro é *goodliness* – ser bom, ter bondade.
O segundo é *godliness* – algo que tem uma dimensão sagrada.

Os seres humanos têm a capacidade de produzir bondade e produzir sacralidade.

Nilton Bonder

Para os gregos, a generosidade aparece no cruzamento de duas virtudes: a magnanimidade e a liberdade. A generosidade é o contrário do egoísmo, como a magnanimidade é o contrário da mesquinharia. Então, a generosidade depende da consciência de nossa própria liberdade. Isso significa dizer que temos a consciência e a confiança de sermos livres para usarmos nossa generosidade quando quisermos, pois o homem generoso não é prisioneiro de seus afetos, mas senhor de si mesmo, e por isso não procura desculpas, porque a vontade lhe basta, a virtude lhe basta. Ser generoso é ser livre, e esta é a única grandeza verdadeira.

René Descartes via na generosidade o princípio de toda a virtude, vindo de uma firme vontade de agir bem e se sentir feliz pelo contentamento produzido.

Acredito que a verdadeira generosidade, que faz com que o homem se estime num mais alto grau que ele possa legitimamente estimar-se, consiste somente em parte no fato de que não há nada que verdadeiramente lhe pertence além desta livre disposição de suas vontades e em parte no fato de que ele sente em si mesmo uma firme e constante resolução de fazer bom uso dela, ou seja, nunca lhe faltar vontade para empreender e executar tudo aquilo que ele julgar ser melhor.

René Descartes

Eu concordo com a ideia de René Descartes de que a generosidade é soberana a todas as virtudes e com ela podemos chegar ao sentido da vida e ao encontro da espiritualidade. A espiritualidade não deve ser confundida com espiritismo ou qualquer outra religião. Pelo contrário, cada pessoa, conforme suas próprias experiências, pode escolher uma religião para ancorar sua espiritualidade, ou até mesmo vivenciá-la somente na ciência. Nossa mente é como um navio carregado de preciosidades que escolhe um porto para ancorar. A espiritualidade também pode ser entendida assim.

É importante destacar que esta consciência e esta liberdade no uso da generosidade produzem autoestima e, nesse sentido, sermos generosos pode nos trazer felicidade. Montaigne nos ensina que não podemos comandar o amor, mas podemos comandar a generosidade, basta querer.

O PODER TRANSFORMADOR DA GENEROSIDADE

Ser generoso seria doar sem amar? Não necessariamente, mas doar quando se ama está ao alcance de qualquer um. Hoje, no século XXI, buscamos uma forma de viver bem. Temos comprovado, então, que a alegria e o amor podem nascer da generosidade. O clássico escritor Khalil Gibran, quando nos fala sobre generosidade, nos ensina que, por não a entendermos, sempre esperamos algo em troca ao praticá-la. Generosidade é doar, até a quem não se ama, sem esperar nada em retorno. Por exemplo, ao orarmos, estamos sempre esperando algo que recompense nossa oração. Por isso, ele nos diz que até no nível do sagrado, acreditamos que existe sempre uma expectativa de retorno.

A ideia de Khalil Gibran nos remete também à nobreza. Uma pessoa realmente nobre não espera que se devolva nada para ela, ela deseja somente que os outros cresçam e se desenvolvam.

É belo dar quando solicitado; é mais belo, porém, dar sem ser solicitado, por haver apenas compreendido (2021, p. 43).

Khalil Gibran

Também os filmes nos inspiram e ensinam sobre a generosidade. No premiado filme *Os miseráveis*, por exemplo, baseado na obra de mesmo nome do romancista Victor Hugo e dirigido por Tom Hooper, uma fala importante do protagonista nos sensibiliza. Quando crescemos na generosidade, ela transborda para o outro e, assim, um simples ato de generosidade pode mudar a vida de alguém. Numa cena do filme, depois de ter as pratarias da igreja roubadas, o padre inocenta o ladrão dizendo aos policiais que a prataria havia sido presente seu. A obra de Victor Hugo relata a transformação desse homem, que pôde reproduzir com os outros o gesto generoso do padre com ele.

 ...dar sem pensar na virtude, dar porque sou humano. O ser humano foi feito para dar luz, e se a gente não der a gente morre sem nunca ter sido humano.

Khalil Gibran

Podemos ser generosos de várias maneiras, no trato com o outro no trabalho, no convívio do lazer e, principalmente, com a nossa comunidade. Várias pequenas atitudes que, mesmo parecendo não fazer a diferença no mundo, podem mudar todo um comportamento da humanidade.

Nesse mesmo sentido, Zygmunt Bauman afirma:

Se detectarmos a semente dentro de nós sobre o que tem significado para nós, e estendermos a mão para o outro, com as habilidades que temos estaremos a caminho da felicidade, que nunca será encontrada se pensarmos somente em benefício próprio.

Zygmunt Bauman

Thales de Mileto, considerado o primeiro filósofo por Aristóteles, já em 625 a.C. afirmava que a vida virtuosa é aquela que vivo a partir dos meus valores e do que há de positivo em mim, colocando isso a serviço do outro.

AS FORMIGAS VIVEM EM UM SISTEMA GENEROSO?

Já está comprovado cientificamente pelos neurocientistas que o nosso cérebro funciona melhor quando está em conexão. As abelhas, formigas e cupins vivem em sociedades altamente conectadas, bem-sucedidas e auto-organizadas, que são frequentemente usadas como modelos para sistemas corporativos e empresas.

Pesquisa feita por Daniel Charbonneau e Anna Dornhaus nas montanhas de Santa Catalina, Estados Unidos, coletou dados a partir de vinte colônias de formigas *Temnothorax rugatulus* com 1.307 operárias. O estudo demonstra que, se olharmos com uma lente de aumento para um único formigueiro em seu ambiente natural, podemos perceber que existem 225 formigas. Desse grupo, 34 puericultoras, 26 operárias externas, 62 generalistas (serviços gerais) e 103 formigas assistindo a tudo.

Esse ambiente tão equilibrado e harmonioso, funcionando de uma forma tão perfeita, é mantido pelas formigas para alcançar um objetivo comum de preparar este ecossistema para que todas possam passar o inverno bem. Vigora nesse ambiente uma forma de generosidade que pode ser compreendida pela função exercida por cada formiga para um propósito coletivo. Desse senso de generosidade também se beneficiariam as empresas.

Recebi um livro de presente do meu filho que se chama *Empresas espiritualizadas*, de Pedro Ivo Moraes. Segundo o autor, toda empresa é uma alma coletiva. Para que essa alma floresça é preciso cuidar dela, não importa a posição de cada um, pois todo trabalho é importante para o resultado final. Moraes também nos diz que é preciso resgatar o contato com o sagrado, não apenas em nosso trabalho, mas em todos os aspectos da nossa vida.

Assim, nas palavras do autor, "a generosidade se entrelaça com amor, propósito, flow e fé. A generosidade por lei da natureza e bondade do coração nos encaminha para o sentido da vida. O propósito é o sentido da vida. Flow é a criatividade em sua plenitude. E fé é a espiritualidade que o mundo hoje precisa conhecer".

Uma citação do Papa Francisco, no livro *Empresas espiritualizadas*, diz que toda a natureza é generosa por natureza.

Os rios não bebem sua própria água, as árvores não comem seus próprios frutos. O sol não brilha para si mesmo, e as flores não espalham sua fragrância para si. Viver para os outros é uma regra da natureza [...] a vida é boa quando você está feliz, mas a vida é muito melhor quando os outros estão felizes por sua causa.

Papa Francisco

—

É importante destacar que esta consciência e esta liberdade no uso da generosidade produzem autoestima e, nesse sentido, sermos generosos pode nos trazer felicidade.

CAPÍTULO IV

Empatia

—

A empatia, como a ponta de um iceberg, está alicerçada no sentimento de cooperação e no belo gesto de acolhimento que temos com alguém que precisa de atenção.

Iremos, neste capítulo, tentar esclarecer a diferença entre empatia e compaixão, sabendo que, para nos relacionarmos bem, além de desenvolver o autoconhecimento e vivenciar a generosidade, precisamos fazer uso da compaixão e da empatia, que fazem parte da nossa natureza.

 Por mais egoísta que se possa admitir que seja o homem, é evidente que existem certos princípios em sua natureza que o levam a interessar-se pela sorte dos outros e fazem com que a felicidade destes lhe seja necessária, embora disso ele nada obtenha que não o prazer de testemunhar.

Adam Smith

Biólogos evolucionistas pensavam que a natureza nos moldaria através dos tempos para sermos egoístas e de sangue frio. Porém, a partir de análises sofisticadas, nosso cérebro nos levou para um outro caminho de evolução. Entendemos que, por nos encontrarmos em interação regular com algumas pessoas, muitas vezes podemos fazer melhor nos unindo do que agindo sozinhos. Essa cooperação acaba por desenvolver uma prática de cuidado uns com os outros.

EU NO LUGAR DO OUTRO

Vamos começar, então, com empatia? Segundo Sófocles, filósofo grego, é "a palavra que conduz o mundo". Quando ouvimos e acolhemos o outro, levamos nossa vida de forma mais gentil. Sócrates, outro filósofo grego, mostrava o caminho do diálogo afirmando que, para conduzir uma conversa e ter êxito, deve-se sempre terminá-la tendo a impressão de ter crescido. Para isso, precisamos da empatia acima de tudo.

O holandês Frans de Waal, primatólogo, etólogo e doutor (PhD) em Biologia pela Universidade Utrecht, nos traz lições da natureza para uma sociedade mais gentil. Ele nos conta que cientistas demonstraram que a empatia faz parte da nossa genética. Os primatas já viviam em grupo e se mantinham unidos pela empatia entre eles, e não era o mais forte que sobrevivia, mas o mais adaptado socialmente, aquele que tinha mais habilidades para o convívio em grupo.

Para Frans de Waal, para sermos atenciosos uns com os outros, ainda que seja com pequenos gestos, necessitamos da adoção da perspectiva empática. Precisamos entender o efeito do nosso comportamento sobre as outras pessoas e o poder avassalador da identificação emocional.

A respeito do ato de compartilhamento de algo, Frans de Waal relata que, em experiências com chimpanzés, quando lhes damos comidas que podem ser repartidas, quase todos querem ser os primeiros a apanhar o alimento. Uma vez garantido, é muito raro que os outros o tirem de suas mãos. O direito à posse parece ser realmente respeitado entre eles, a ponto de até mesmo o macho dominante permitir à fêmea da mais baixa posição hierárquica manter consigo o alimento do qual se apoderou. Os animais que estão de posse da comida geralmente são abordados pelos outros, que pedem um pedaço estendendo a mão. O que acontece de importante aqui é que tanto o direito à posse quanto o compartilhamento da comida são observados e, no final, quase sempre em menos de vinte minutos, todos os chimpanzés do grupo terão se alimentado.

O PAPEL DO AFETO

O que essas experiências têm a ver com o comportamento humano? Segundo Frans de Waal, o elemento importante a ser considerado é que somos mamíferos, animais que dependem obrigatoriamente do cuidado materno. Consequentemente, os vínculos afetivos têm enorme valor de sobrevivência para nós. Mas a verdadeira lição que deveríamos extrair disso é o poder avassalador da identificação emocional, muito comum entre as crianças. Em vez de permanecerem neutras, as crianças tendem a sentir empatia, utilizando sua capacidade de penetrar nas emoções do outro e adivinhar o que ele está sentindo, habilidade já amplamente testada cientificamente.

Uma criança observa um adulto abrir uma caixa de presente, por exemplo. Se este adulto ao abrir a caixa disser "Minha nossa!", com expressão alegre, a criança adivinha que deve haver alguma coisa boa lá dentro, como bombons, e fica alegre também. Se, por outro lado, ele assume uma expressão desapontada, mesmo que não diga nada, a criança entende que a caixa deve conter alguma coisa desagradável e se chateia junto. Para Frans de Waal, as crianças leem os "corações" muito antes de ler as mentes.

Nos estudos desenvolvidos por Frans de Waal, fica claro que o vínculo afetivo é um elemento essencial para a nossa espécie, não existindo nada mais importante para que sejamos felizes. Para o autor, as sociedades pré-históricas foram fundamentalmente cooperativas e, aparentemente, desde sempre o homem carregava em si a capacidade de captar o sentimento contido nos gestos do outro.

Para o psicólogo sueco Ulf Dimberg, a empatia não depende da nossa decisão. Suas pesquisas sobre a empatia involuntária, publicadas no começo da década de 1990, demonstraram que nós simplesmente sentimos a empatia. No mesmo sentido, o filósofo alemão Theodor Lipps afirmava, já no início do século XX, que a empatia pode ser considerada como um "instinto", assinalando, desse modo, que nascemos com ela. Ele não especulou sobre a sua evolução, mas atualmente se acredita que a empatia remonta a um período evolutivo muito antigo, bem anterior à nossa espécie. Para Theodor Lipps, ter empatia significa sentir forte afeto.

Segundo estudos, a empatia evoluiu para tomar conta de membros familiares próximos e, talvez, membros do grupo, mas não para tomar conta de indivíduos distantes. Isso não significa que no mundo contemporâneo, quando fazemos doações para países com pessoas necessitadas, não estamos sendo empáticos. Mostramos que já evoluímos nossa empatia para o sofrimento do outro, mesmo estando distante. Algumas pessoas demonstram também empatia por seres de outras espécies, mesmo que esse não seja o motivo pelo qual a empatia evoluiu, isso comprova a ampliação do sentimento.

A FILOSOFIA DA EMPATIA

Paul Zak, neuroeconomista, realizou muitos estudos a respeito da oxitocina, um hormônio muito ativo na hora do parto, na lactação, relacionado ao cuidado materno e também ao amor romântico. Conseguiu comprovar empiricamente que a oxitocina, além dessas funções, tem importância fundamental para o desenvolvimento do apego e da empatia entre pessoas.

Segundo Paul Zak, a oxitocina exerce importantes funções no organismo e nas sensações de prazer e afeto, além de influenciar comportamentos considerados moralmente aprováveis, como os sentimentos de compaixão e confiança, entre outros. Junto com a dopamina, a serotonina e a endorfina, a oxitocina faz parte do grupo chamado de neurotransmissores da felicidade, que possuem a função de aumentar a sensação de bem-estar, diminuir o estresse e melhorar quadros depressivos. Paul Zak ressalta, em sua pesquisa, que a produção desse hormônio aumenta quando temos atitudes de confiança. Poderíamos dar um exemplo da primeira visita de um namorado para conhecer a família da namorada. Ao entrar na sala e percebendo que sua futura sogra está colocando a mesa, ele se oferece para ajudar. Essa atitude aumenta a confiança que a namorada tem na relação, e isso favorece a liberação de oxitocina no cérebro dela, criando a possibilidade de um ambiente mais feliz.

Os primatas já viviam em grupo e se mantinham unidos pela empatia entre eles, e não era o mais forte que sobrevivia, mas o mais adaptado socialmente.

Frans de Wall

 Pesquisadores argumentam que estar socialmente conectado é uma necessidade básica, tanto quanto comida, água, roupas e moradia.

Matthew Lieberman

Quase todo estímulo social positivo fará o cérebro produzir oxitocina, e a oxitocina aumenta a experiência da empatia.

Em seu livro *A molécula da moralidade*, traduzido em outros países como *A molécula da felicidade*, Paul Zak faz uma grande caminhada em busca da resposta para a seguinte pergunta: os seres humanos são essencialmente bons ou maus? Esta é a discussão mais longa da humanidade. E, através da descoberta da oxitocina, podemos dizer que o comportamento consciente e benevolente é intrínseco à nossa condição psicológica, vindo à tona de forma bastante natural nas nossas relações sociais. Paul Zak parte do princípio de que somos criaturas biológicas, portanto tudo que somos advém de processos biológicos. A biologia, por meio da seleção natural, recompensa e incentiva comportamentos adaptáveis, o que significa que se adaptar ao meio contribui para a saúde e a sobrevivência do maior número de descendentes. Paul Zak conclui que, por incrível que pareça, ao seguir essa diretriz de sobrevivência, a natureza chega à mesma conclusão moral oferecida pelas religiões. O melhor é se comportar de maneira colaborativa. A natureza chega ao mesmo ponto seguindo um caminho diferente.

No ano 2000, os cientistas entenderam melhor o funcionamento da oxitocina: ela age como neurotransmissor enviando sinais ao cérebro, e como hormônio enviando mensagens pela corrente sanguínea. Oxitocina é uma combinação de palavras gregas que significam "rápido e parto".

Durante a evolução da humanidade, uma das funções da oxitocina também era preservar a sobrevivência. A oxitocina aumentava quando sinais do ambiente indicavam que era seguro relaxar e se aninhar, proporcionando momentos de descanso para as pessoas. Quando os sinais eram substituídos por outros, como os de perigo, era hora de voltar ao jogo, mostrar as garras e competir pelo alimento.

Com a ajuda de alguns milhões de anos de refinamento evolutivo, o mesmo sistema básico que permitia a criaturas primitivas baixar a guarda e se misturar e, em seguida, retomar a guarda no momento certo, passou a ajudar os seres humanos modernos a manter o discernimento entre competição e colaboração, benevolência e hostilidade, talvez até entre o que chamamos de bem e de mal.

Assim, não podemos evitar pensar que o sinal da oxitocina é altamente dependente de uma avaliação de segurança que se assemelha à confiança. É por isso que um gesto de confiança gera um comportamento positivo.

CONFIAR E SER CONFIÁVEL

Sob a influência da oxitocina, é fácil se comportar com generosidade, cuidado e preocupação em relação às pessoas com quem temos profundos vínculos sociais. Parece aqui que a generosidade seguida de gentileza pode criar um ambiente confortável. Tomemos como exemplo um simples comportamento de conquista entre duas pessoas. No início de um relacionamento, quando um dos parceiros demonstra ser generoso e gentil, gera assim um ambiente de confiança.

Quando um estímulo social positivo induz à liberação da oxitocina, também conhecida como a molécula da moralidade, ela ativa a liberação de dois outros neurotransmissores de bem-estar: dopamina e serotonina. A serotonina reduz a ansiedade e melhora o humor. A dopamina está associada ao alcance de metas e reforço de aprendizagem.

Todas as experiências de Paul Zak foram tentativas de verificar se poderíamos ir além da associação entre oxitocina e generosidade. Mas este é um assunto que não vamos abordar aqui, pois precisaria de muito aprofundamento. Estes estudos envolveram um suíço chamado Ernst Fehr, que publicou recentemente um artigo sobre altruísmo. Depois de longas experiências juntos, Zak e Fehr concluíram que a molécula da moralidade reage aos vínculos humanos, mas não à infusão artificial de oxitocina sintética no cérebro.

O que antes parecia uma ideia estúpida – comportamento pró-social, generoso, acionado por um hormônio reprodutor (oxitocina) em resposta à confiança – agora parecia bom demais para ser verdade, quase uma versão científica de uma parábola que se aprende na escola dominical (2012, p. 26).

Paul Zak

Passei mais de um ano desenvolvendo o meu modelo que demonstrava que o nível de confiança numa sociedade é o fator mais forte que determinará se ela irá prosperar ou permanecer na pobreza (2012, p. 22).

Paul Zak

A natureza oferece diversas oportunidades para liberação de oxitocina no dia a dia, pois ela aparece sempre que houver um toque entre pessoas, e mesmo ao acariciar animais de estimação. Os próprios animais de estimação, quando se acariciam, estão liberando oxitocina. Mas as pesquisas estavam interessadas em cenários mais específicos, e foram direcionadas através do vetor de confiança.

Estes trabalhos demonstraram que não precisamos abraçar alguém para elevar o nível de oxitocina, que, por sua vez, gerará uma postura mais generosa. Tudo que precisamos fazer para deflagrar essa molécula da moralidade é demonstrar que somos confiáveis, o que podemos fazer de diversas formas. A generosidade espontânea e a gentileza espontânea no dia a dia são fatores que trazem um olhar de confiança do outro sobre nós. No trabalho, podemos oferecer ajuda a um colega; em locais públicos, dar passagem para uma mãe com crianças; entre amigos, não estimular conversas maliciosas. Estes são alguns exemplos simples de comportamentos benéficos.

Se dermos o primeiro passo, outras pessoas vão repeti-lo mais tarde e, uma vez que a confiança esteja estabelecida, poderemos gerar uma sociedade mais virtuosa.

Mas Paul Zak aconselha que, no mundo complexo em que vivemos, ser aberto, solícito e generoso o tempo inteiro pode ser perigoso. "Confie, mas investigue", ensina o dito popular. A oxitocina é uma molécula perigosa que torna possível caminhar em uma linha tênue. Confie e se aproxime de alguém quando os estímulos certos estiverem presentes, mas esteja preparado para recuar e entrar em estado de alerta quando o estímulo diminuir. A oxitocina pode ser um regulador cuidadoso do comportamento de confiança. E a confiança abre caminho para comportamentos sociais como a empatia.

> *A molécula da moralidade funciona como um giroscópio e nos ajuda a manter em equilíbrio a postura de lidar com a confiança, a cautela e a desconfiança. Portanto, a oxitocina nos ajuda a transitar pelos relevantes benefícios sociais da comunicabilidade e pela sensata cautela de que precisamos para evitar que sejamos passados para trás* (2012).

Paul Zak

Então o nível de oxitocina se eleva quando recebemos uma demonstração de confiança ou quando algo deflagra em nós compaixão ou empatia. Ficamos mais gentis, generosos, colaborativos e carinhosos. Importante saber que, para continuarmos vivos e saudáveis, não podemos prescindir de uma rede de convívio social.

 Regra de Ouro:
"Como quereis que os homens vos façam, assim fazei-vos também a eles" (apud Zak, 2012, p. 62).

(Lucas 6,31)

A empatia cria uma versão fisiológica da Regra de Ouro, que significa agir com os outros como gostaríamos que agissem conosco. Em parte, deve-se à sensibilidade de perceber o prazer ou a dor de alguém como se fosse conosco. Então a neurociência nos explica a aceitação da Regra de Ouro e as concepções dos sábios orientais sobre humanismo, amor, gentileza e compaixão.

Jean Decety identificou quatro elementos essenciais para a empatia:

> **O primeiro** elemento é o afeto compartilhado.
> **O segundo** é a consciência do outro.
> **O terceiro** é a flexibilidade mental para nos colocarmos no lugar do outro.
> **O quarto** elemento é a compaixão. Pois é a autorregulação emocional necessária para produzir uma reação adequada a uma situação que enfren-

tamos. Localizada no córtex pré-frontal, a função executiva rege a autorregulação. Isso é, por exemplo, o que os médicos precisam para atender os pacientes diante de situações terríveis: eles devem agir com muita empatia e, ao mesmo tempo, manter-se distantes o suficiente para fazer o que é preciso.

Como estender esse comportamento virtuoso àqueles com os quais não temos nada em comum e que não convivem conosco?

Em seu último trabalho sobre altruísmo, Ernst Fehr nos diz que ele não é apenas determinado por fatores cerebrais ou biológicos, mas também influenciado por processos sociais. Por isso é tão importante ajudar comunidades carentes e incentivar a educação.

Se dermos o primeiro passo, outras pessoas vão repeti-lo mais tarde e, uma vez que a confiança esteja estabelecida, poderemos gerar uma sociedade mais virtuosa.

CAPÍTULO V

Compaixão

Parto da ideia de que nós temos muita tendência para cooperar, para sentir empatia e isso é parte da natureza humana. Precisamos construir uma sociedade que tenha espaço para isso.

Compreendo o distanciamento como palavra-chave dos pilares que sustentam a compaixão, para o bom uso da ação e a virtude de querer o bem do outro.

Os pilares da compaixão podem ser bem compreendidos quando usamos o exemplo de um médico em atendimento a um paciente em sofrimento. Se o médico sentir empatia excessiva por seu paciente, não vai conseguir atendê-lo, pois vai entrar no mesmo estado de sofrimento. Mas se ele criar um distanciamento perante o paciente, poderá sentir compaixão e atendê-lo com amabilidade, gentileza e carinho.

O psicólogo canadense Paul Bloom, professor emérito em Psicologia e Ciências Cognitivas na Universidade de Yale e de Toronto, traz como reflexão o seguinte cenário: para ajudar uma criança que está se afogando, você se imagina no lugar dela ou simplesmente age? Você recria o sofrimento da pessoa que está ajudando? Para o autor, nós sentimos compaixão sem necessariamente sentir empatia.

IDENTIFICAÇÃO OU BEM-QUERER?

A neurocientista alemã Tania Singer e o monge budista Matthieu Ricard, a fim de responderem a pergunta "de onde vem a bondade?", distinguem a empatia da compaixão. A compaixão está relacionada a sentimentos positivos — amor, saúde, motivação — enquanto a empatia pode levar a sentimentos de angústia. Para lidar com a angústia gerada pelo excesso de empatia, eles propõem a ideia de que a meditação pode reduzir nossas respostas empáticas, libertando-nos para sentirmos compaixão, sem a dor de sentir a dor de outra pessoa.

A empatia é essencial para relacionamentos que nos são próximos. Porém, no caso de um médico e um paciente, o distanciamento produzido pelo sentimento de compaixão favorece o tratamento, pois o médico não sente as dores do paciente. O mesmo acontece com os terapeutas que, para entender e ajudar os pacientes, precisam da compaixão, e não da empatia. Nesse sentido, afirmam os autores, a meditação e o *mindfulness* podem diminuir o sofrimento causado pela empatia e aumentar a capacidade de sentir compaixão, o que nos faz conseguir agir para ajudar o outro.

Paul Bloom foi muito combatido por suas ideias a respeito da empatia e por afirmar que ela funciona como um holofote e, portanto, teria um foco estreito, que acaba funcionando apenas para as pessoas mais próximas, que pertencem a nosso próprio grupo – resultando em discriminação contra pessoas diferentes, como ocorre no racismo. Essa conclusão parece forte, mas tem um fundo de realidade. Nesse sentido, a empatia torna o mundo mais desigual e preconceituoso ao valorizarmos apenas os mais parecidos conosco. A compaixão, segundo Paul Bloom, por sua vez, não busca recriar o sentimento alheio, mas apenas dirigir bons sentimentos, basicamente é querer o bem do outro.

Tentamos, com este texto, demonstrar que a empatia e a compaixão são habilidades da natureza humana. Através do darwinismo social, a humanidade evoluiu com essas habilidades, o que nos manteve unidos e, assim, mais resilientes, contrariamente ao que sempre se pensou cientificamente. Inversamente à interpretação antiga dos escritos de Darwin, de que seriam os mais fortes fisicamente que sobreviveriam, está demonstrado que, sim, os mais flexíveis e adaptáveis ao convívio com os outros são, na verdade, os que melhor sobreviveram.

Darwin idealizou a teoria da evolução, segundo a qual todos os seres vivos compartilham um ancestral em comum. Contemporaneamente, retomando as teses de Darwin, a empatia é algo que herdamos dos primatas, não uma característica que evoluiu separadamente das outras espécies.

Um estudo publicado na Translational Psychiatry revelou que os traços de empatia têm correlatos genéticos. Assim como a estrutura corporal, a dependência química e determinadas doenças, há um padrão de herdabilidade no que se refere à capacidade empática. Sabemos, então, que há evidências diretas de uma base genética mínima de empatia, e que pessoas geneticamente predispostas a níveis mais altos de empatia podem entender mais facilmente as relações sociais.

TUDO QUE FAÇO TRANSBORDA

Uma pesquisa intitulada *Caring babies: concern for others in distress during infancy* (Bebês atenciosos: a preocupação na infância com outros em dificuldade) revelou que a maior parte das crianças já possui, desde os três meses de idade, um comportamento pró-social e um senso de moralidade e empatia. E crianças com pais carinhosos possuem um grau elevado de empatia. Se este estudo identificou uma herdabilidade moderada de 30% na empatia, enquanto o ambiente foi responsável pelo restante da avaliação, isso significa que o impacto ambiental tem grande influência na formação das crianças. Ou seja, apenas um ambiente vantajoso permite que as crianças desenvolvam plenamente seu potencial genético para empatia.

Pensando no futuro da humanidade e no quanto nós podemos viver melhor no mundo de hoje, as ideias do holandês Frans de Waal precisam ser aplicadas em nossa vida e replicadas no trato com nossos filhos e netos. Assim estaremos certamente contribuindo para a evolução da humanidade, pois, conforme já vimos pelos autores pesquisados até aqui, tudo que fizermos transborda para o outro:

> *Parto da ideia de que nós temos muita tendência para cooperar, para sentir empatia e isso é parte da natureza humana. Precisamos construir uma sociedade que tenha espaço para isso.*

Compartilhar é uma manifestação de compaixão e de altruísmo. As crianças começam a compartilhar espontaneamente na segunda metade do seu primeiro ano de vida, e o grau de compartilhamento se acelera no ano seguinte. Elas compartilham com a família e com os amigos, mas quase nunca com desconhecidos.

Outra manifestação diferente de compaixão que aparece em crianças pequenas é a disposição para ajudar os outros. Ao longo das últimas décadas, houve muitos relatos e estudos demonstrando ajuda espontânea.

A empatia motiva a compaixão e o altruísmo?

O vínculo entre a empatia (no sentido de espelhar o sentimento dos outros) e a compaixão (no sentido de sentir e agir com amabilidade para com os outros) tem mais sutileza do que muitas pessoas acreditam.

Mas a empatia, mesmo assim, não é indispensável para motivar a compaixão. Segundo o psicólogo Steven Pinker: "Se uma criança ficar assustada com o latido de um cachorro e começar a gritar amedrontada, minha resposta solidária não é acompanhá-la em seus gritos, mas confortá-la e protegê-la".

Até aqui falamos sobre as diferenças entre a empatia e compaixão, e fica claro também que a compaixão não é a mesma coisa que moralidade. Se eu tenho um aluno com notas baixas e ele me pede para aumentá-las, posso sentir compaixão por ele, mas não posso aumentar suas notas, pois não seria justo com seus colegas de classe.

Outro exemplo de comportamento imoral seria passar uma criança que conhecemos que esteja sofrendo em uma emergência à frente de todos os nomes que estão em uma lista de espera por algum procedimento. Muitas vezes a moralidade entra em conflito com a compaixão, mas trata-se de algo necessário. Não haveria moralidade se não nos importássemos com os outros.

Vimos então que, apesar de o neurocientista Paul Bloom ser muito contestado, precisamos compreender genuinamente as diferenças entre empatia e compaixão para exercê-las conscientemente, e assim fazermos uma pequena contribuição para um mundo melhor nas próximas gerações. Esse exercício de empatia e compaixão não deve servir para nos sentirmos mais especiais que outras pessoas, mas para refletirmos sobre como é importante termos uma base da noção de princípios imparciais. A imparcialidade se revela como uma solução sensata diante de comportamentos egoístas.

—

O vínculo entre a empatia (no sentido de espelhar o sentimento dos outros) e a compaixão (no sentido de sentir e agir com amabilidade para com os outros) tem mais sutileza do que muitas pessoas acreditam.

CAPÍTULO VI

Diálogo

—

*Para desenvolver a negociação
no diálogo é importante frear
a pressão exercida pelos
nossos pressupostos.*

Por que nossas experiências subjetivas durante a vida são consideradas o alicerce do diálogo?

A grande descoberta dos últimos anos é sabermos que cada pessoa forma suas opiniões a partir de pressupostos construídos no decorrer de suas experiências. Normalmente, não notamos que nossos pressupostos afetam a natureza de nossas observações, mas eles influenciam o modo como vemos as coisas, a maneira como as experienciamos e o que queremos fazer.

Nesse sentido, nossas opiniões são o resultado de pensamentos passados, da soma de todas as nossas experiências, tudo que foi dito ou não por outras pessoas, um mundo que fica armazenado na memória e que acabamos efetivando por nosso programa mental. Tudo que obtivemos de nossos professores ou de nossa família, pela leitura ou por outros meios. E, assim, formamos nossos pressupostos. São pressupostos básicos — e não superficiais — sobre o significado da vida, o autointeresse, os interesses dos países e a religião de cada um.

Por exemplo, se pertencemos a uma família de intelectuais, desde criança aprendemos os pressupostos dessa família. Então essa criança, quando adulta, vai sempre valorizar o nível de conhecimento de quem fala. Isso significa que, provavelmente, quando ela estiver em um grupo de amigos e um deles der uma opinião sem ter uma base de conhecimento, essa opinião não será respeitada.

Da mesma forma, se um filho de agricultores que não teve a chance de viajar estiver no meio de um grupo cujo pressuposto é o de que apenas as viagens trazem conhecimento, ele não será respeitado pelos outros quando apresentar suas ideias.

Por isso se diz atualmente que as tribos estão, cada vez mais, fechadas em seus próprios conceitos, pois as pessoas convivem apenas com quem compartilha de suas opiniões. Essa formação de tribos desmascara uma sociedade preconceituosa e acomodada, sem disposição para realizar os esforços de abrir diálogos e compreender as diferenças.

Eu, por exemplo, como cresci em meio a livros, criei o pressuposto de que não é só o trabalho que vai fazer evoluir uma civilização, mas também o conhecimento por ela acumulado ao longo do tempo. Então, em meu ponto de vista, o conhecimento e o trabalho precisam andar juntos.

Enfim, é o que uma pessoa pensa, e isso é realmente importante na hora da comunicação. Pois esses pressupostos são defendidos quando questionados. Geralmente as pessoas não conseguem resistir à necessidade de defendê-los e o fazem sob uma forte carga emocional.

O estudo do diálogo é tão antigo quanto a Grécia, mas o seu exercício remonta ao início das civilizações humanas, pois o homem tem uma necessidade básica de se comunicar. No livro *O banquete*, de Platão, um tratado sobre a sabedoria do diálogo escrito por volta de 380 a.C., já havia o exercício do diálogo, ali desenvolvido a partir de questões levantadas pelos personagens presentes na cena do livro.

Temos importantes pensadores que desenvolveram as diferenças entre diálogo, discussão e comunicação, como Edgar Morin, Roger Scruton, Martin Buber, David Bohm, Chomsky, Dominique Wolton, entre outros. Vamos abordar este tema passando por tais pensadores. Como prometi, a proposta aqui é percorrer um caminho que se inicia no autoconhecimento, passa pela generosidade e pela empatia para chegar ao verdadeiro diálogo. Nesse sentido, a generosidade ocupa um papel principal, porque parece ser, ela mesma, o exercício do diálogo, a busca do entendimento, o reconhecimento do outro.

A respeito de interações humanas e diálogos, é importante esclarecer que, perante o outro, as diferenças nunca serão oposições, é o que ensina o escritor Michel de Montaigne. Sabendo disso e adotando uma postura humilde, construiremos uma argumentação com pensamentos diferentes, e, numa conversa, criaremos um terceiro ponto em que todos poderão evoluir.

Pensando assim, podemos dizer que aquela antiga máxima que afirma que, em grupo, não se deve falar em política e religião, cai por terra. Pois não é o tema, mas a forma de abordar e a construção dessa abordagem que constroem o conhecimento coletivo. Também faz parte do diálogo o exercício de ouvir o outro, porque é necessário entender os pensamentos de todas as partes envolvidas na conversa.

INFORMAR OU CONVERSAR?

Segundo Dominique Wolton, sociólogo francês e especialista em Ciências da Comunicação, em seu livro *Informar não é comunicar*, o verdadeiro desafio está na comunicação, e não na informação. Nossa dificuldade prática não reside em compartilhar o que temos em comum, mas em aprender a administrar as diferenças que nos separam, individual ou coletivamente. "Portanto, na comunicação, o mais simples tem a ver com as tecnologias e mensagens, enquanto o mais complicado tem a ver com os homens e a sociedade".

Viver é se comunicar, pois a comunicação é inerente à condição humana. Não há vida pessoal e coletiva sem a vontade de falar, de entender, de trocar.

Há necessidade, então, de repensar o significado da comunicação, especialmente nesse momento em que a informação e a tecnologia são dominantes no mundo. Portanto, segundo Dominique Wolton, o aumento da circulação da informação não melhora a comunicação nem a compreensão entre as pessoas. Segundo ele, a informação tornou-se abundante, e a comunicação uma raridade.

A informação é a mensagem transmitida, enquanto a comunicação se dá na relação entre as pessoas envolvidas no compartilhamento da informação, e a negociação surgirá, então, dessa interação. Ao entrarmos em contato com alguém, tentamos nos comunicar para compartilhar e fazer trocas, pois estas são necessidades fundamentais do ser humano. O ideal da comunicação sempre esteve ligado ao compartilhamento, aos sentimentos e ao amor.

Todos temos convicções e, ao compartilharmos com alguém nossas convicções, não precisamos entrar em conflitos ou tomar uma postura de oposição frente às diferenças, mas, sim, buscarmos argumentações para explicar e responder às objeções do pensamento do outro. Precisamos, hoje, antes de tudo, administrar a incomunicação, por meio da negociação, para construir as condições de convivência. Negociação pertence à cultura democrática, pois não existe negociação em sociedades autoritárias e totalitárias.

TEMPOS DE INCOMUNICAÇÃO

Vamos entender um pouco o significado da incomunicação. A alteridade está presente em todas as trocas comunicativas. A incomunicação, tão comum entre gerações, acontece, por exemplo, devido às diferenças de pensamento entre pais e filhos de todas as épocas, abrindo um canyon entre eles, o que impossibilita qualquer aproximação ou tentativa de comunicação. E esse problema, o da incomunicação, acontece no mundo em geral, entre amigos, colegas de trabalho e casais, incluindo a diplomacia mundial entre países.

A criação do conceito da incomunicação nos obriga a repensar a comunicação, um dos maiores desafios políticos e sociais do século XXI. Dominique Wolton considera muito importante e relevante que nos questionemos sobre como conviver pacificamente num universo onde todo mundo vê tudo e pensa saber tudo, e onde as diferenças são mais visíveis e menos negociáveis.

O que é, então, informação? Existem três categorias de informação: oral, imagem e texto. Esses dados podem estar presentes em diversos suportes: informação-notícia, ligada à imprensa; informação-serviço, em plena expansão mundial através da internet; e, por último, informação-conhecimento, ligada ao desenvolvimento de bancos e bases de dados.

A informação e a comunicação devem estar bem esclarecidas a todos para que a incomunicação não domine nosso ambiente. Precisamos aprender a conviver em um mundo em que a maioria das pessoas não se escuta e não se entende, e essas diferenças são expostas cada vez mais por tecnologias mais sofisticadas.

Precisamos, urgentemente, respeitar as identidades e organizar a convivência entre as diferenças. Para isso, podemos praticar a máxima do autor Dominique Wolton segundo a qual o reconhecimento do diálogo e as negociações são inerentes às relações humanas e sociais. Antigamente, a ideia de comunicar era considerada sinônimo de transmitir, pois as relações eram sempre hierárquicas; no entanto, no mundo de hoje, prevalece o negociar, pois pessoas e grupos estão, cada vez mais, em situação de igualdade para negociar. Se abrirmos uma lente sobre a nossa realidade do dia a dia, veremos que passamos nosso tempo negociando nas relações conjugais e familiares, em escolas, empresas e sociedade.

Infelizmente, existem países e espaços corporativos que ainda vivem conforme os velhos pressupostos e não buscaram o caminho da mudança que o século XXI já começa a exigir. "Nada mais pode ser imposto", esta é a verdade que poderá construir um novo *ethos* alinhado ao que já falamos sobre o oficioso que começa a se fortalecer para buscar uma mudança de paradigma.

Não podemos deixar de pontuar também a importância do receptor, aquele que recebe a informação e que hoje tem o status revalorizado pelas novas teorias das ciências da comunicação, pois a comunicação bem-sucedida vai depender da forma como este receptor vai compreendê-la. O receptor, hoje, não é mais visto como um ser passivo, mas cada vez mais ativo, porque é ele quem vai produzir sentido daquilo que lhe é dito, e será no receptor que a verdadeira comunicação acontecerá.

NEGOCIANDO COM O DIVERSO

David Bohm nos diz que a boa conversa é o exercício permanente da escuta, e que fazem parte do diálogo a nossa memória e os mitos culturais herdados.

Ele foi um físico estadunidense, de posterior cidadania brasileira e britânica, considerado um dos físicos teóricos mais importantes do século XX e que contribuiu com ideias não ortodoxas à teoria quântica, neuropsicologia e filosofia da mente.

Uma metáfora que esclarece o exercício da escuta entre grupos com diferentes mitos culturais herdados é, por exemplo, pensarmos em dois países com culturas e políticas próprias tentando dialogar para chegar a um acordo. Para resolver esse impasse, existe o trabalho da diplomacia internacional. Antes de se reunirem, os diplomatas sempre estudam o outro país, pois, com esse conhecimento prévio, o diálogo poderá fluir melhor. Nossa trajetória na vida social e pessoal não é diferente: nos diferenciamos das outras pessoas como dois países de culturas e políticas próprias, pois nossas origens familiares e nossas experiências nos construíram como pessoa ao longo do tempo. Como iremos, então, nos comunicar, quando estou baseando a minha comunicação nos meus conhecimentos e experiências, e o outro está recebendo essa informação a partir de seus próprios conhecimentos e suas próprias experiências?

De certa forma, vemos através de nossos pressupostos como se eles fossem um filtro (2005, p. 128).

David Bohm

Então podemos pensar que o diálogo e o relacionamento entre as pessoas são somente a ponta de um iceberg. Sempre há uma parte profunda e oculta numa conversa, inclusive entre duas pessoas que pertencem a uma mesma família, ou à mesma cidade ou ao mesmo grupo, pois elas passaram toda a sua vida com experiências subjetivas diferentes e, assim, se construíram com pressupostos distintos. Ao conversar, elas vão partir do pressuposto criado a partir de suas próprias experiências, que serão sempre completamente diferentes. Isso é o que gera a incomunicação. Antigamente, se pensava que o que era dito era ouvido, mas agora sabemos que o que é dito é ouvido pelo receptor segundo as suas próprias experiências de vida.

> *Forçar para frente é uma expressão interessante; no caso da comunicação, há ruptura, ou entrechoque, o desarranjo que ela provoca realiza produção de sentido, essa recomposição de ideias, valores, posicionamento, que pode ser lida igualmente como um ato de forçar o pensamento para frente, fazê-lo avançar ao ser contaminado por um acontecimento comunicacional* (2019, p. 29).

Marcondes Filho

Aqui o autor da citação reafirma a importância que devemos dar aos pressupostos do receptor quando somos o emissor da informação, e de respeitarmos as diferenças, ficando atentos aos dizeres do outro.

Na comunicação, entram em jogo os nossos valores mais intimamente arraigados, a natureza e a intensidade das nossas emoções, os padrões de nossos processos de pensamentos.

Então o que podemos fazer para que a comunicação flua no diálogo entre duas pessoas com pressupostos diversos?

Para desenvolver a negociação no diálogo é importante frear a pressão exercida pelos nossos pressupostos.

É fundamental adentrar o processo de pensamentos que está na base dos pressupostos. Um exemplo que esclarece um pouco o que queremos dizer: um médico opina sobre uma questão de saúde do paciente, e o paciente sugere buscar uma segunda opinião; se o médico for bom, ele não reagirá defendendo seu pressuposto, e nem vai agir conforme sua carga emocional, mas concordará com o desejo do paciente.

Concluímos, aqui, a importância de sabermos a diferença entre informação, comunicação e incomunicação. É necessário trazermos a negociação para o diálogo, através do autoconhecimento que nos coloca de frente com nossos pressupostos. Dessa forma, certamente, alcançaremos uma melhor compreensão do nosso interlocutor, buscando uma terceira via como solução das diferenças. Cria-se assim uma produção eficiente de sentido na troca com o outro, concretizando realmente o diálogo.

E, para o exercício do diálogo, a generosidade é uma virtude essencial. Não estaríamos sendo generosos ao pararmos para ouvir a opinião do outro?

Na comunicação, entram em jogo os nossos valores mais intimamente arraigados, a natureza e a intensidade das nossas emoções, os padrões de nossos processos de pensamentos.

CAPÍTULO VII

Elegância e polidez

Os conceitos desenvolvidos em Surfando no mundo BANI podem contribuir para uma nova postura, e assim as futuras gerações poderão compor um novo ethos social.

A elegância e a polidez são temas de um dos capítulos deste livro, porque acredito que o *savoir-vivre* tem como sustentação a consciência de cada tema desenvolvido aqui. O *savoir--vivre* é um estilo de vida que escolhemos. O nome vem do francês porque foi na França que nasceu este estilo de bem viver. No século XVII, falava-se muito em *savoir-vivre* e *savoir-faire*.

O *savoir-vivre* francês valorizava muito a arte da conversação, a arte de saber como manter uma conversa estimulante e aberta para a escuta do outro. Atualmente, quando falamos em conexão entre as pessoas, estamos nos referindo a essa mesma postura. Mas *savoir-vivre* também é saber equilibrar uma vida com qualidade no trabalho, com conhecimento, com lazer e muitas relações pessoais. Nessa mesma época na França surge o *savoir-faire*, que chamamos hoje de *know how*. *Savoir-faire* é o segredo dos fabricantes franceses para produzir produtos de qualidade ímpar. Pensemos, por exemplo, na famosa champanhe Veuve Clicquot: sua produção é um segredo de família até hoje. O mesmo ocorre com muitos outros produtos franceses, pois nascia ali no século XVII um desejo de se destacar na literatura, no conhecimento e na manufatura de produtos. Por isso defendo a ideia de que todas as áreas evoluem juntas: as artes, a literatura, a moda, a ciência, a medicina e a economia. E exigem boas relações, com muita conexão.

Entendo então que a polidez e a elegância deveriam permear todas as relações do século XXI, promovendo, assim, um maior respeito entre as pessoas. E este é um tema tão relevante que muitos escritores, intelectuais se debruçaram sobre ele, como Honoré de Balzac, Erasmo de Rotterdam, Michel de Montaigne.

A palavra "elegância" vem do latim *eligere*, que significa eleger. Então é muito simples entender seu significado. Somos elegantes sempre que entramos em um espaço e elegemos qual a melhor maneira de nos conectarmos nesse ambiente. Fazer a leitura de onde estamos inseridos chama-se elegância porque vamos respeitar a maneira de cada um ser.

Ser elegante é saber fazer a leitura do ambiente (2021).

Jair Marcatti

 A elegância é a arte de não se fazer notar, aliada ao cuidado sutil de se deixar distinguir.

Paul Valéry

Os contos de fada, muitas vezes, traduzem situações importantes do nosso dia a dia, como é o caso do filme *A Bela e a Fera*, na cena em que ambos estão sentados para jantar. A Bela, ao fazer a leitura do ambiente em que a Fera morava, foi a única pessoa a perceber que, por trás da feiura, ela era muito generosa. Ela então tentou se aproximar por meio de uma linguagem adequada ao momento, que se traduziu em seus modos de comer para criar uma conexão entre ambos. Ao tomarem a sopa, a Fera não usou a colher, virou a tigela inteira e bebeu. A Bela largou sua colher, pegou a tigela com as mãos e bebeu da mesma maneira. A partir dessa cena, a comunicação entre os dois ficou muito facilitada.

A polidez também tem sua origem no latim, na palavra *"polire"*, alisar e dar brilho – logo, se diz que uma mente instruída é brilhante –, como polir uma pedra para eliminar toda e qualquer aspereza. O contato com a pessoa polida é, assim, agradável, valorizador.

PEQUENA ÉTICA PARA O MUNDO CONTEMPORÂNEO

Concordo com Geneviève D'Angenstein quando ela diz, em seu livro *Savoir-vivre é um jogo*, que a arte da conversação favorece a união familiar, social e de equipes de trabalho. Essa arte foi aparentemente perdida na trajetória histórica entre tantos acontecimentos culturais.

A ideia trazida por Pierre Bourdieu de que não devemos ter boas maneiras, mas sim sermos elegantes, nos remete claramente a uma elegância que vai além do vestir. Ela se manifesta, por exemplo, em saber ouvir, saber abordar um tema ou as pessoas, não fazer perguntas indiscretas, não concentrar o assunto na sua própria pessoa, não se lamentar. Os conceitos desenvolvidos em *Surfando no mundo BANI* podem contribuir para uma nova postura, e assim as futuras gerações poderão compor um novo *ethos* social.

Este capítulo aborda a importância da elegância no terceiro milênio como uma ferramenta facilitadora das relações sociais em todos os ambientes que permeiam o cotidiano, dando ênfase ao seu papel fundamental para sedimentar a cultura da gentileza, da polidez, do respeito, da humildade e do diálogo.

Ao contrário do senso comum, que considera que os temas da elegância e da etiqueta são fúteis, se comparados a outros temas da atualidade – como educação, inovação, tecnologia, inteligência artificial e sustentabilidade –, penso que é um equívoco afirmar, na contemporaneidade, a superficialidade deste tema. A etiqueta do terceiro milênio permeia de forma interdisciplinar todos os projetos de desenvolvimento que estão em pauta atualmente, decidindo ou não o sucesso deles numa prática diária. Como as equipes, os grupos, os estudiosos ou mesmo os inovadores conseguem realizar seus projetos sem ter um bom relacionamento dentro de seus ambientes de trabalho? Nesse sentido, parece-me fundamental que as pessoas, além dos conhecimentos técnicos específicos de suas profissões, tenham conhecimento do *soft skill*, que não é outra coisa senão saber se relacionar com o outro.

No livro *A história da polidez de 1789 aos nossos dias*, escrito por Frédéric Rouvillois, o autor nos conta que, segundo a pesquisa Sofres divulgada em novembro de 2003, os comportamentos que os jovens consideram, quase por unanimidade, inadmissíveis (insultos ao professor, 96%; falta de respeito com os pais, 94%) dizem respeito a atentados contra as regras da polidez, percebidos por eles como muito mais graves do que um bom número de delitos sujeitos a sanção penal (fraude nos exames, consumo de entorpecentes). A incivilidade contra os "velhos" e autoridades de convívio próximo, que a "cultura de Maio de 1968" considerava até há bem pouco tempo como um direito imprescindível, tende a, nos dias de hoje, ser considerada falha imperdoável.

CONSTRUÇÃO E DESCONSTRUÇÃO NO TEMPO

No curso do tempo, a gentileza, a elegância e a polidez sofreram mudanças profundas – na verdade, trata-se de uma história não linear e descontínua. Momentos históricos diferentes provocaram a construção e desconstrução dessas virtudes.

Paralelamente à história, existe também uma geografia dessas virtudes. De uma maneira ou de outra, elas existem em todas as sociedades, em todos os países. Cada país tem as suas singularidades. As virtudes não são uniformes, pois elas carregam em si as características de cada cultura. Por isso para a diplomacia é tão importante sempre conhecer primeiro as raízes do interlocutor, para assim desenvolver um bom diálogo.

 Sem a polidez, não nos reuniríamos senão para combater. É preciso, portanto, ou viver só ou ser polido.

Alphonse Karr

Diferentemente das relações protocolares, as nossas relações no trabalho, na família e no lazer – enfim, no dia a dia – precisam ser urgentemente renovadas, simplificadas e flexibilizadas. Assim, deixando um espaço aberto para a tolerância, a improvisação, a espontaneidade e a liberdade de cada um. No século XXI, propõe-se prevalecer "a polidez do coração", pois o nosso século tem seus pilares no ideal de igualdade das relações.

LINHA DO TEMPO DA CONSTRUÇÃO DA POLIDEZ

Grécia Antiga → Renascimento → Séc. XVII / Luís XIV → Séc. XIX → Época Vitoriana → Década de 50 → Séc. XXI

LINHA DO TEMPO DA DESCONSTRUÇÃO DA POLIDEZ

Revolução Francesa → 1ª Guerra Mundial → 2ª Guerra Mundial → Maio de 68

Nessa linha histórica da construção e desconstrução da polidez, vemos três momentos fundamentais que marcaram sua sistematização e a construção de suas bases, a sua profunda evolução e grande influência na humanidade: século XVII com Luís XIV, século XIX com a rainha Vitória e século XXI com as corporações.

Por que as corporações trouxeram o retorno da gentileza e da polidez?

Nas corporações alinhadas aos ideais do século XXI, assiste-se a uma passagem progressiva de uma gestão vertical para uma gestão horizontal. Isso tem levado à necessidade de haver um bom relacionamento entre os líderes e suas equipes, as equipes entre seus membros e todas as equipes entre elas. Este modelo criou uma maior conexão no trabalho, exigindo assim o recurso à gentileza e à polidez como ferramenta.

A liderança é medida pela capacidade de se fazer inspirar e não pela capacidade de gerar medo (2021).

Jair Marcatti

ELEGÂNCIA, POLIDEZ E SIGNIFICADO

Na Grécia Antiga, nos escritos de *O banquete*, já em 380 a.C., Platão tratava sobre o amor, mas também sobre civilidade e diálogo, trazendo temas como humildade, conhecimento, respeito, elegância no momento de falar e no momento de calar.

No Renascimento, o filósofo e escritor Erasmo de Rotterdam, considerado por alguns estudiosos um dos primeiros criadores da etiqueta como comportamento, em seu livro *A civilidade pueril*, já pontuava os modos de comportamento para as crianças na corte, e identificava condutas para os homens que queriam viver na cidade de modo civilizado. Erasmo, o humanista, redige um manual pedagógico destinado ao futuro cortesão ideal, o homem do Renascimento, elegante e culto.

No século XVI, Baldassarre Castiglione (1528), diplomata italiano, com seu livro *O cortesão*, um manual didático de etiqueta e ética cortesã, organizado em forma de diálogo, influenciou a nobreza e os escritores renascentistas.

 O homem não deve ser privado da música pois ela não só acalma o espírito dos homens como também domina as mais selvagens feras. Porque o homem que não aprecia uma música não terá harmonia em sua alma.

Baldassarre Castiglione

A etiqueta foi tão importante na formação de nossa civilização que o rei Luís XIV sistematizou todas as regras. Segundo Norbert Elias, em seus dois livros *A sociedade de corte* e *O processo civilizador*, o rei impôs em Versalhes uma etiqueta cerimonial muito elaborada. Os protocolos sistematizados na época serviam para proteger o rei de ameaças de morte, pois criou-se uma hierarquia para dele se aproximar. Em sua corte viviam cerca de cinco mil pessoas, e as etiquetas e protocolos davam-lhe mais liberdade para se movimentar nos espaços da corte.

No mesmo século surgem os famosos salões literários e de conversação, onde nobres e burgueses podiam se expressar livremente. Nesses encontros, eram privilegiadas as mentes, em detrimento dos rigores da hierarquia da sociedade da época. Para deles participar, havia três exigências: ser espirituoso, ser culto e ser polido. Essas três regras permitiam que mulheres e homens se expressassem em pé de igualdade, respeitando aqueles que tomassem a palavra. Podia-se discordar somente com a mesma cortesia, sob pena de ser repudiado pelo grupo, segundo o livro *Savoir-vivre é um jogo*, da antropóloga francesa Geneviève D'Angenstein.

Considero tão importante e contemporânea essa forma de reunião e de encontro entre diferentes mentes que criei um espaço, em Porto Alegre, como maneira de promover o debate de novas ideias.

No século XIX, Honoré de Balzac escreveu seu *Tratado da vida elegante*, abordando temas como a moda e a cozinha, entre outros. Até hoje importantes intelectuais e escritores trabalham nesse mesmo tema.

André Comte-Sponville nos diz que a polidez é a primeira virtude e, quem sabe, a origem de todas. Ainda assim, ele reconhece suas limitações:

> *É também a mais pobre, a mais superficial, a mais discutível. A polidez faz pouco caso da moral e a moral da polidez. Um nazista polido em que altera o nazismo? [...] um canalha polido não é menos ignóbil que o outro, talvez seja até mais* (2016, p. 13).

Por que a primeira virtude? O autor refere-se a uma ordem do tempo. A criança saberá diferenciar entre o bem e o mal puramente por uma regra formal, uma regra da polidez. Não dizer palavrões, não interromper as pessoas, não roubar, não mentir. Todas essas proibições são apresentadas para a criança, mas saber o que é ético virá mais tarde. Portanto, a polidez é anterior à moral, palavras de Sponville com as quais eu concordo. Também concordo que tudo se inicia com as crianças dentro do núcleo familiar.

A RESSIGNIFICAÇÃO DO RESPEITO

No século XXI, no terceiro milênio, ressignificamos a antiga etiqueta, tirando-a da formalidade em que era usada e trazendo-a para o nosso cotidiano com a valorização das relações, o respeito a si e o respeito ao outro. A ressignificação da elegância e da polidez dá liberdade e facilita o diálogo entre os diferentes. Partindo da ideia do escritor francês Edgar Morin, que desenvolveu o tema da complexidade, o pensamento complexo não se limita ao âmbito acadêmico: ele transborda para os diversos setores da sociedade. Assim, pensar de forma aberta, incerta, criativa, prudente e responsável é um desafio. Não podemos, no mundo complexo, pensar de forma simplista.

A elegância e polidez nos ajudam a surfar neste mundo, pois elas demandam um olhar multidimensional sobre a singularidade do ser humano. Hoje convivemos diariamente com pessoas que vêm de passados diferentes. Na última vez que estive em Nova Iorque, quatro funcionários me receberam na recepção do hotel: cada um vindo de um continente diferente. Fiquei imaginando o nível de gentileza e elegância que eles deveriam ter para conviverem em harmonia o dia inteiro, tendo tantas experiências e origens diferentes, mas trabalhando tão próximos.

Ressignificar a etiqueta no século XXI é entender profundamente como usá-la no dia a dia a partir de seu significado.

A palavra "etiqueta" é oriunda de duas fontes, grega e francesa. O *ethos* grego se refere à conduta, comportamento. Um sinônimo de respeito e reflexão sobre os pequenos atos do cotidiano. Já a palavra francesa *"étiquette"* evoluiu a partir da sistematização de hierarquia dos nobres nas épocas da corte, até chegar ao significado atual de ser a pequena ética do dia a dia, ética que devemos ter no convívio diário em pequenos acontecimentos das relações.

Uma curiosidade para encerrarmos este capítulo: desde a era dos faraós egípcios até o Império Romano, os poderosos exigiam regras de tratamento que os diferenciassem dos escravos e dos pobres. Assim teria surgido o conceito da "etiqueta", um costume que ganhou força na corte francesa de Luís XIV.

O termo teria aparecido nessa época, quando era comum "etiquetar" (identificar) os visitantes de acordo com o sobrenome e o título de nobreza.

Devido a essas regras de distinção, a etiqueta no final do século XX ficou com a imagem manchada. Contudo, sua ressignificação propõe ser exatamente o oposto, uma ferramenta para unir as pessoas.

> *Infelizmente — ou felizmente — o universo inteiro é um coquetel de ordem, desordem e organização. Estamos em um universo do qual não se pode eliminar o acaso, o incerto, a desordem. Nós devemos viver e lidar com a desordem. Num universo de pura ordem, não haveria inovação, criação, evolução. Não haveria existência viva nem humana* (2015, p. 89).

Edgar Morin

—

Não é tão difícil manter relacionamentos leves e agradáveis sem perder a capacidade de opinião e argumentação, quando dominamos a arte da conversação.

CAPÍTULO VIII

Criatividade

—

Hoje, no século XXI, em reação ao racionalismo, vemos movimentos que valorizam, por exemplo, práticas orientais que podem estimular a criatividade. Esta sabedoria oriental, há muitos séculos praticada, tem favorecido surfar neste mundo complexo, o mundo BANI.

A criatividade é mais um tema importante a ser desenvolvido, e, ao meu ver, dois pilares a sustentam: o ócio, estudado desde a década de 80 por Domenico de Masi é tema de seu livro *O ócio criativo,* e o estado de *flow* hoje divulgado pelo psicólogo Mihaly Csikszentmihalyi em seu livro *Flow: a psicologia do alto desempenho e da felicidade.*

Acreditamos então que não é novidade que a criatividade precisa de um espaço e de uma liberdade para se manifestar. Hoje, no século XXI, em reação ao racionalismo, vemos movimentos que valorizam, por exemplo, práticas orientais que podem estimular a criatividade. A ioga e a meditação são as mais conhecidas delas. *Mindfulness,* o estado de atenção plena, foi desenvolvido nos EUA com base em técnicas orientais. Esta sabedoria oriental, há muitos séculos praticada, tem favorecido surfar neste mundo complexo, o mundo BANI.

> *O ócio criativo é a capacidade de conciliar o trabalho e todas as demais tarefas com espaços livres nos quais não se fará nada. Existe um ócio alienante, que nos faz sentir vazios e inúteis. Mas existe também o outro ócio que nos faz sentir livres e que é necessário à produção de ideias, assim como as ideias são necessárias ao desenvolvimento da sociedade.*

Domenico de Masi

O ócio criativo não significa não fazer nada, mas dar um descanso a sua mente. Domenico de Masi já disse em entrevista que, com base em dados estatísticos, percebe-se que partimos de uma sociedade onde uma grande parte da vida das pessoas adultas era dedicada ao trabalho, e agora estamos caminhando em direção a uma sociedade na qual grande parte do tempo será — e em parte já é — dedicada a outra coisa. Ele também nos diz que a história humana, através das etapas da sua criatividade, não é uma sequência de batalhas e divisões baseadas no possuir, mas uma história das invenções baseadas no inovar.

Quanto ao estado de *flow*, podemos entendê-lo melhor nesta carta de Maquiavel ao amigo Francesco Vettori, de 10 de dezembro de 1513, na qual ele conta como foi impelido a escrever a sua pequena mas tão influente obra *O príncipe*. Além das "conversas inesquecíveis", também há cartas inesquecíveis. Cito uma passagem:

> *Quando cai a noite volto para casa e vou para minha sala de estudos. Deixo as minhas roupas da semana enlameadas e sujas na soleira, visto trajes cerimoniais reais e, vestido de acordo, entro nas velhas cortes dos homens da Antiguidade, onde, por eles afetuosamente recebido, refestelo-me com o alimento que é único e só meu e para o qual eu nasci; onde não me envergonho de falar com eles, de perguntar-lhes quais as razões de suas ações. Eles respondem minhas perguntas cortesmente e durante quatro horas não me sinto aborrecido, esqueço todos os problemas, não temo a pobreza, não tenho medo de morrer: estou totalmente entregue a eles.*

Nessa narrativa de Maquiavel, podemos entender melhor o que é o estado de *flow*. Estar completamente absorvido em alguma atividade, seja ela qual for, trabalho, estudo, esporte, e até mesmo assistindo a uma peça de teatro, admirando uma obra de arte ou produzindo uma obra escrita, como é o caso de Maquiavel. É um momento em que não sentimos o tempo passar.

CRIATIVIDADE COMO MEIO

Existem muitos estudos que falam sobre como desenvolver a criatividade ou como utilizá-la para um melhor desempenho no trabalho. É uma diretriz da Escola Superior de Propaganda e Marketing (ESPM) que a criatividade é um meio para encontrar soluções. Essa habilidade diz respeito a todas as atividades humanas, e não apenas à atividade específica de criar boa comunicação ou grandes obras de arte. Pode ser aplicada à medicina, à sociologia, ao marketing, às finanças, à educação, à administração pública, à contabilidade, ao jornalismo — a tudo.

Segundo o último livro de Christophe Dejours, além do trabalho prescrito, todo ser humano investe em um trabalho vivo, no qual sua criatividade está em jogo.

> *O que há de melhor em nós é a sublimação, e ela não é reservada aos "gênios": todos nós somos criativos. O trabalho, que é central em nossas vidas e em nosso cotidiano, é o lugar por excelência dessa criatividade que nos permite, em face dos obstáculos, dos fracassos, desenvolver ainda mais nossa inteligência e nossa resistência. O resultado, quando o trabalho é bem feito, é a auto realização. [...] O reconhecimento do trabalho bem feito, quando é autêntico, permite que o sofrimento se transforme em prazer.*
>
> **Christophe Dejours**

Concordamos que a criatividade, em qualquer âmbito profissional, pode tornar tudo mais leve e satisfatório no desempenho e trazer mais bem-estar no trabalho. Além disso, a criatividade enriquece também as atividades do dia a dia e as relações interpessoais.

É uma tendência contemporânea fazer das atividades rotineiras um lazer. O processo criativo exige trabalho, isto é, um desejo de fazer. Cozinhar, por exemplo, absorve as pessoas desde o momento da escolha dos produtos até a hora de sentar-se à mesa. Bordado, costura, jardinagem e marcenaria também envolvem a criatividade. Assim como tocar um instrumento, cantar. Também usufruir das artes contribui para ampliar e alimentar a imaginação e a criatividade. Não posso deixar de citar aqui a importância do esporte como um grande estímulo ao estado de *flow*.

Nossas ideias surgem quando nossa mente está brincando, quando está ociosa e quando temos curiosidade. É preciso ter a coragem de deixar nossa criança interior sempre disposta a fazer bagunça no preestabelecido. Por isso é tão importante o adulto buscar a alegria do encontro com amigos, dar risada e jogar conversa fora. Não se deve deixar só para a infância a alegria de viver. Nesse sentido é importante refletir sobre o que nos diz o livro *O ócio criativo*, de Domenico de Masi: "a criatividade que existe em todos nós precisa de equilíbrio emocional, portanto, pessoas negativas dificilmente sentirão as vibrações positivas das ideias fluindo na cabeça".

Criatividade tem tudo a ver com o modo de levar a vida, uma boa autoestima e o prazer de apreciar a simplicidade do cotidiano, que pode estar em tomar um café da manhã sozinho ou um cafezinho com os amigos. Steven Johnson, em seu livro *De onde vem as boas ideias*, ressalta a importância de termos uma rede diversificada de relacionamentos que favoreça a "colisão" de diferentes ideias e, assim, a "explosão" de novos pensamentos.

AMBIENTES PARA CRIAR

Ao conviver com pessoas que tenham perspectivas diversas, cria-se, em qualquer lugar, os espaços multidisciplinares mencionados por Steven Johnson que promovem a criatividade. Segundo ele, esses espaços podem ser até uma simples mesa de café, como ocorreu durante o nascimento do Iluminismo no Reino Unido, que surgiu de conversas entre pessoas diferentes, com ideias diferentes, nas famosas cafeterias inglesas.

Então, precisamos valorizar um ambiente favorável para sermos criativos, mas não podemos pensar somente em nós, mas também nos outros e nas próximas gerações. Um ambiente estimulante desde a primeira infância, dentro da família e da escola, com amor, acolhimento e carinho, pode trazer mais leveza e humanidade nas relações, e assim a criatividade fluirá melhor. Existem muitas escolas na Espanha que são pioneiras na inclusão de *mindfulness*, meditação e ioga para crianças do ensino fundamental.

Já no século XIX, em seu livro *Crepúsculo dos ídolos*, Nietzsche falava da importância de aprender a ver, isto é, habituar o olho ao descanso, à paciência, ao deixar aproximar-se-de-si, capacitar o olho a uma atenção profunda e contemplativa, a um olhar demorado e lento.

Nas religiões encontramos o significado, por exemplo, do *chabad*. Para a cultura judaica, o sábado é considerado o "dia do descanso": este dia é dedicado exclusivamente ao equilíbrio da harmonia das famílias com Deus. Na religião católica, acredita-se que Deus considerou o sétimo dia sagrado, comemorando aos domingos o dia do descanso. Já no calendário islâmico, o descanso se dá na sexta-feira. Então podemos observar que a ideia do descanso, da parada, está presente na história do homem em vários momentos de contextos diferentes.

Em um pequeno ensaio chamado *Louvor à transitoriedade*, publicado três anos antes de sua morte, Thomas Mann revelou os motivos de seu respeito pelo tempo. O tempo, escreveu ele, precisa ser santificado, pois ele nos oferece a possibilidade de desenvolver os nossos talentos mais importantes. O tempo é o espaço para incansavelmente buscar o autoaperfeiçoamento, para nos desenvolvermos como o ser humano que deveríamos ser.

Trouxemos esses exemplos para conectar as ideias contemporâneas da necessidade do ócio para o homem alcançar a criatividade.

Falamos no início do texto da importância do ambiente para podermos liberar nossa criatividade. Em contrapartida, vivendo no mundo BANI, frágil, ansioso, não linear e incompreensível, temos dificuldades para encontrar espaço para o ócio criativo. Precisamos retomar as ideias de Dominique Wolton sobre o que fazemos com o tempo que ganhamos com o avanço da tecnologia.

O objetivo deste livro é sugerir uma reflexão sobre o sentido da vida. E para isso precisamos fazer uma leitura do nosso ambiente, ampliar o olhar para entender o momento da humanidade, ter consciência do mundo em que vivemos. Um ambiente favorável à criatividade contribui para uma formação mais humana das novas gerações, que assim poderão surfar mais facilmente no mundo complexo.

A ARTE, O BELO E O BOM

Segundo o professor Eduardo Wolf, autoridade em Filosofia Antiga, o ser humano alcança a imortalidade a partir da criação de coisas que não pereçam, como as belezas criadas pelas artes literárias, esculturas, pinturas e música.

É importante pensar no legado de relações positivas que queremos deixar, e pelo qual queremos ser lembrados – esta será a nossa imortalidade.

Já refletimos aqui sobre as vantagens do mundo digital, que flexibilizou nosso tempo. Falta-nos agora usá-lo em benefício da felicidade e do bem-estar, e não em proveito de um prazer somente efêmero como o do consumo. Esse tempo que o mundo digital nos deu precisa ser urgentemente separado para investirmos em meditação, contato com a natureza, boas relações e criatividade.

Olhando como as instituições e corporações lidam com a criatividade, podemos pensar no caso do empresário sueco Ingvar Kamprad, por exemplo. Quando criou a empresa IKEA, ele queria propor para as pessoas que montassem seus próprios móveis, e dessa forma acabou contribuindo para uma sociedade mais criativa. Na gastronomia, a valorização da criatividade mobiliza as pessoas a saírem para conhecer novas culinárias, a ponto de percorrerem grandes distâncias. A visita a museus, casas de concerto e casas de cultura estimula nossa mente a sermos mais criativos. As casas de cultura, em particular, oferecem cursos, espaços para exposições de arte, algumas contam com cinemas, teatro e restaurantes. A literatura e a arte nos dão a possibilidade de apreciar o belo. Na cultura grega, o bom e o belo vêm juntos, é o valor da experiência da vida. Nesse sentido, podemos dizer que criatividade não é somente fazer algo belo, também é ter ações belas.

Tentaremos agora explicar um pouco o pensamento grego sobre o belo e o bom. Quando falamos em mundo grego, lembramos de corpos masculinos e femininos perfeitamente esculpidos. Essa beleza e essa harmonia esculpidas em mármore traduziam a importância, segundo Aristóteles, do que é bom, justo, correto, virtuoso e belo. A beleza para ele era o apreço e a harmonia; o bom, a vivência da ética.

O que o bom e o belo têm a ver com nossas ações? Levar uma vida boa é ser justo, ser corajoso, ser temperante e prudente, cultivar as virtudes corretas. Levar uma vida bela é a suprema realização humana. A beleza da nossa vida é sermos felizes e utilizarmos plenamente as habilidades que temos. Para isso, precisamos liberar nossa criatividade. Já sabemos que, quando mergulhados nela, o tempo não tem sentido, e a realização de estar ali fazendo algo que amamos nos faz esquecer que o resto do mundo existe.

Então, para sermos criativos, não precisamos ter talentos natos, mas um pouco de determinação para desenvolvermos habilidades que tragam satisfação e, consequentemente, impactos profundos e duradouros sobre nossas vidas.

Teresa M. Amabile, acadêmica americana que é professora de Administração de Empresas na Unidade de Gestão Empresarial da Harvard Business School, que há muitos anos estuda criatividade, motivação e desempenho no trabalho, comenta:

> *A verdadeira criatividade é impossível sem alguma medida de paixão. O melhor modo de ajudar as pessoas a maximizar seu potencial criativo é permitir que elas façam algo que amam* (1989, p. 13).

Acredito que a nossa vida é feita de ciclos e, sempre olhando para o futuro, quando encerro cada ciclo em minha vida, pergunto qual será a minha próxima aventura. Por isso acredito que a criatividade é um dos grandes pilares de uma vida saudável.

CAPÍTULO IX

Sentido da vida

Se conseguimos tornar nossa vida uma aventura é porque encontramos o sentido dela e descobrimos que o sentido da vida é a ponta de um iceberg que esconde a base que o sustenta. Percebo que um dos elementos de sustentação é a nobreza de espírito, que pode ser resgatada no homem contemporâneo, e o outro a busca por um projeto de vida.

Vivemos a era da complexidade. É neste mundo complexo que nos movimentamos e sonhamos; é importante que o compreendamos, porque ele exige de nós um conjunto de habilidades e conhecimentos. A era da complexidade começou com a vinda da pandemia em 2019. A complexidade pode ser retratada por esta simples variável: um vírus em uma célula humana, em um homem, em um país da Ásia que paralisou o mundo inteiro.

É nesse mundo complexo que a gente vai ter que aprender a surfar, que a gente vai ter que criar novas coreografias para viver bem.

Mas se nós pudermos ter a capacidade de aprendizado, e flexibilidade cognitiva, nosso mundo BANI pode tornar-se uma aventura para cada um de nós.

Se conseguimos tornar nossa vida uma aventura é porque encontramos o sentido dela e descobrimos que o sentido da vida é a ponta de um iceberg que esconde a base que o sustenta. Percebo que um dos elementos de sustentação é a nobreza de espírito, que pode ser resgatada no homem contemporâneo, e o outro a busca por um projeto de vida.

Felicidade é a experiência de contentamento e bem-estar combinada à sensação de que a própria vida possui sentido e vale a pena.

Sonja Lyubomirsky

O sentido da vida dissertado pelo neuropsiquiatra austríaco Viktor Frankl em todos os seus livros, a partir de sua experiência nos anos em que viveu nos campos de concentração da Segunda Guerra, está relacionado à felicidade em contentar-se com o que se possui. Para alcançar essa felicidade quando estamos atravessando um grande desafio, precisamos de um algo a mais que dê sentido à nossa existência, fortalecendo a nossa resiliência.

Vamos tentar aprofundar um pouco o que seria esse sentido a mais na nossa existência.

A felicidade é a construção de um estado em médio e longo prazo. O projeto de vida, ou propósito, é o que sustenta a felicidade, e esta depende de uma vida de realizações muito diferente de uma vida de sucesso.

O sucesso está ligado usual e socialmente ao olhar de terceiros. Eu faço sucesso quando outras pessoas me reconhecem. Já a realização é absolutamente interna. Vemos, muitas vezes, pessoas retrocederem no trabalho em termos de carga horária e remuneração para ter uma vida com mais significado.

A felicidade, segundo a psicologia positiva, é encontrada em seres humanos que triunfam no sentido de florescer e de se realizar. Em geral eles não fazem isso sozinhos, mas em grupos de familiares, equipes de trabalho ou amigos. Então a felicidade compreende um projeto de vida que parte de uma existência significativa. Por isso precisamos ter um olhar atento à busca pelo sucesso.

Experimentar a felicidade é diferente de sentir alegria e outras emoções, pois sabemos que emoções primárias como a alegria, a tristeza, a raiva, o nojo e o medo são respostas viscerais a um estímulo externo. Normalmente também são passageiras, enquanto a felicidade se constrói ao longo da vida. Da mesma forma, não devemos confundir a alegria momentânea do consumo com a felicidade, pois isso somente deflagra um prazer efêmero.

As emoções consideradas positivas, como a alegria, são chamadas de valência positiva, mas nenhuma emoção é considerada totalmente negativa ou totalmente positiva. Ou seja, existem emoções de valência negativa que podem resultar positivamente. Por exemplo, ninguém gosta de sentir medo, mas ao sentirmos medo e deixarmos de caminhar por uma rua escura e deserta, estamos na realidade sendo prudentes, e isso vai nos beneficiar e nos proteger de um possível perigo. Em contrapartida, se estamos muito eufóricos, podemos agir como adolescentes que se atiram de uma ponte para um rio brincando com os amigos, mas esta alegria aparentemente positiva pode ter um resultado extremamente negativo na vida de alguém. Aqui voltamos a lembrar da ideia de pegar carona nas emoções. Ao conhecer nossas emoções e compreendê-las, podemos conduzir nossas vidas de forma mais prudente.

ESTADO DE FLOW

Os valores das sociedades transformaram-se muito nos últimos séculos; a busca pelo sentido da vida, no entanto, sempre esteve ligada ao homem desde os primórdios da humanidade.

Vamos entender o significado de Chronos e Kairós. Chronos é o Senhor do Tempo, enquanto Kairós representa o tempo que não pode ser controlado. Para os gregos antigos, o primeiro significava o tempo cronológico, enquanto o segundo se referia à qualidade do tempo vivido, algo que não pode ser medido pelos números.

Vamos desenvolver aqui uma proposta do encontro do sentido da vida através da vivência do tempo Kairós, relacionando esse conceito ao estado de *flow*. Para o psicólogo Csikszentmihalyi, o estado de *flow* — ou estado de fluxo — é o estado mental em que a pessoa está totalmente imersa numa atividade, muitas vezes, não percebendo o tempo passar.

O que significaria isso? Qual a relação entre o tempo Kairós e o estado de *flow*? Segundo Csikszentmihalyi, idealizador do conceito, no *flow* vivenciamos um estado mental onde realizamos uma atividade vivendo o tempo Kairós, um tempo que foge ao nosso controle, e nos sentimos totalmente absorvidos por uma sensação de alta energia, prazer e foco absoluto naquilo que estamos fazendo.

Propusemos, no capítulo sobre criatividade, encontrarmos uma atividade na qual fosse possível desenvolver as habilidades que descobrimos em nós, pelo autoconhecimento e pela consciência das nossas múltiplas inteligências. Certamente, isso poderá ser um caminho de treino para vivenciarmos o estado de *flow* e de experiência com o tempo Kairós, podendo chegar ao sentido da vida.

O sentido da vida também é experimentado quando nos relacionamos com o outro de modo mais gentil, exercendo nossa generosidade. Desse encontro, os outros sairão mais felizes, e nós, possivelmente, com uma grande sensação de felicidade. O bom convívio e o ambiente favorável já se constituem num caminho para a busca do sentido da vida. Com isso, exercemos o autocontrole sobre nosso corpo e nossas emoções, tão estudadas por tantos autores, como, por exemplo, Daniel Goleman e Marshall B. Rosenberg.

Os outros são extremamente relevantes na realização de nosso projeto de vida, porque se você se distrair e pensar apenas no passo a passo que tem a cumprir, nas metas a alcançar, pode acabar chegando ao sucesso, mas talvez você chegue só. Terá perdido o calor das relações e o prazer das boas conexões.

Atualmente existe um entrelaçamento entre o trabalho e a vida pessoal. É o conceito que diferentemente de *"work--life balance"* – que colocava a vida pessoal e o trabalho em polos opostos e sugeria um equilíbrio entre eles – contemporaneamente propõe uma aproximação entre essas duas instâncias. A ideia é que podemos ser felizes e encontrar espiritualidade e sentido em nosso trabalho da mesma forma que fazemos em nosso lazer.

Ou seja, o sentido da vida pode ser encontrado no trabalho, na espiritualidade, num hobby, ou em momentos em que estamos completamente sem compromisso. É fato que muitas pessoas vivenciam uma dura realidade quotidiana, sem possibilidades de encontrar uma qualidade de vida no trabalho. Até porque tal situação não depende delas somente, mas do ambiente e de outras pessoas que convivem neste espaço. Neste caso voltamos a Richard Davidson, que propõe a meditação e o *mindfulness* para desenvolver a neuroplasticidade e, assim, ter uma resposta resiliente ao estresse.

Vamos nos aprofundar um pouco no tema da resiliência. Segundo Michael Ungar – pesquisador canadense da resiliência social e psicológica –, resiliência é a capacidade que um sistema biopsicossocial tem de navegar em direção aos recursos necessários para sustentar seu funcionamento positivo em situação de estresse. Ao falarmos de um sistema biopsicossocial, estamos falando de um ser humano, uma família, uma organização ou até um país. Todos podem ser resilientes.

Para o ser humano navegar em busca de recursos que propiciem um funcionamento positivo em situação de estresse, ele primeiro precisa navegar para dentro de si. É no seu interior que ele encontrará as habilidades necessárias para encarar o desafio de buscar os recursos do lado de fora, em opções como meditação, ioga e exercícios. O funcionamento positivo não é adoecer, mental e fisicamente, a médio e longo prazo, em ambientes altamente tóxicos. Devemos refletir se permanecer num ambiente desses é a única opção.

COINCIDÊNCIA OU SINCRONICIDADE?

Vamos falar da sincronicidade entendida pelo senso comum como "coincidência" e estudada pelo cientista renomado Joseph Jaworski, cujo livro *Sincronicidade, o caminho interior para a liderança* eu recomendo.

Jaworski recorre às ideias de Carl Jung para explicar o que vem a ser a Sincronicidade, em sua clássica obra *Synchronicity: An Acausal Connecting Principle*, na qual o autor a define como "uma coincidência significativa de dois ou mais eventos em que algo mais do que a probabilidade do acaso está envolvida".

Ao longo de sua jornada, Jaworski relata alguns encontros "mágicos" com pessoas que o ajudaram e inspiraram na compreensão e concretização de sua missão.

Jaworski apresenta também o que ele chama de armadilhas, "qualquer coisa que cause um retrocesso à velha forma de pensar e agir, retardando assim nosso desenvolvimento espiritual desvendado no mundo contemporâneo".

A responsabilidade é uma das primeiras armadilhas consideradas por Jaworski, caso ela seja levada ao extremo. Corremos o risco de nos sentirmos responsáveis por tudo e por todos que estão envolvidos em nossos projetos, e acabamos por afetar nossa produtividade e limitar nossa capacidade de atuação.

A segunda armadilha é a da dependência, a qual nos leva a acreditarmos que todo o processo depende de algumas pessoas específicas e, se elas não estiverem presentes, tudo estará perdido. Para superar essa armadilha, é preciso ter flexibilidade diante dos obstáculos.

Tanto a armadilha da responsabilidade quanto a da dependência surgem a partir do medo de não haver alternativas. Sempre existirão alternativas, mas precisamos ser capazes de enxergá-las.

O autor apresenta uma terceira armadilha, a da hiperatividade. Essa armadilha consiste no risco de nos perdermos em meio ao grande volume de atividades e, dessa forma, nos desconectarmos de nosso propósito original.

Então, ao ficarmos conectados ao nosso propósito, criamos uma "energia", uma "frequência" que atrai pessoas semelhantes a nós e acontecimentos favoráveis ao nosso propósito. Assim, a sincronicidade, popularmente conhecida como coincidência, é provocada pelo nosso nível espiritual alcançado durante a evolução da construção da nossa vida.

NOBREZA DE ESPÍRITO

De acordo com o filósofo Luc Ferry, é preciso, antes de tudo, desenvolver a virtude da humildade, o que também é dito pelos maiores pensadores cristãos, desde Santo Agostinho. Esta grande virtude se opõe à arrogância e à vaidade, contribuindo para uma vida mais digna e mantendo o ambiente mais saudável.

Ferry nos diz também que, se conhecemos o mundo, compreendendo a nós mesmos e compreendendo os outros, podemos usar a filosofia como a "medicina da alma".

Já a nobreza de espírito, longamente dissertada pelo escritor Rob Riemen e também pelo filósofo Sócrates na Grécia Antiga, está relacionada à verdade e somente à verdade.

> *O cerne de toda a civilização é uma postura de vida, uma ética pessoal em que as palavras somente terão um significado quando são transformadas em atos, e quando existir uma lealdade incondicional a uma interminável busca pela única coisa que pode dar sentido à vida: a verdade.*
>
> **Sócrates**

Nobreza de espírito, esta é a grande ideia. Com ela chega-se a um sentido da vida com verdade, beleza, bondade e amor e, assim, podemos nos tornar mais humanos.

Tudo isso vem à tona na nobreza de espírito, isto é, a nobreza humana que todos temos e precisamos deixar florescer.

Deixá-la florescer contribuiria para ressignificar a espiritualidade, que pode abarcar a prática da nobreza de espírito. Como assinalei diversas vezes, este tema é fundamental para mim e, como aprendi com as ciências humanas, precisamos divulgar o conhecimento e dar voz à nobreza de espírito. A nobreza de espírito pode ser um bom caminho para o novo *ethos* social, uma possível mudança na história da humanidade.

Certa vez, em um incêndio em uma floresta na Austrália, quando os bombeiros terminaram de apagar o fogo, encontraram um colega dando água para um coala que estava quase morrendo. A responsabilidade dos bombeiros é apagar os incêndios, tentar salvar as pessoas e o maior número de objetos possíveis. Mas nunca foi solicitado aos bombeiros que tentassem ajudar pequenos animais. Este é um exemplo de uma atitude nobre e própria da humanidade e da espiritualidade desse bombeiro.

No mundo todo, muitas pessoas dedicam seu dia de folga para ajudar pessoas carentes. É outro exemplo de como o ser humano pode ser generoso abrindo mão do seu tempo de descanso em prol de desconhecidos. Mesmo assim, nem as instituições dão conta de ajudar todos os necessitados. Mas podemos começar a deixar florescer nossa nobreza de espírito com as pessoas mais próximas no nosso dia a dia.

Tantas coisas nos são ensinadas para encontrarmos a felicidade: buscar sentido em seu próprio trabalho, no estado de *flow* em diferentes momentos da vida, entre outros caminhos. Contudo, poucos falam da grande sensação de felicidade quando temos domínio sobre nós mesmos e atitudes nobres com o outro. Ser magnânimo – e acredito que mais homens deste século já poderiam abrigar esta civilidade – é ser altruísta, generoso, mesmo quando o outro não é assim. Ser livre é ter uma escolha.

A essência da nobreza de espírito é a ética, associada à humildade e à bondade. Segundo Goethe, esta é a forma ideal de viver — a verdadeira felicidade e o verdadeiro significado da liberdade.

A essência da liberdade nada mais é do que a própria dignidade humana.

Spinoza

Entendo que Spinoza quer nos dizer que respeitar a própria dignidade e a dignidade do outro, com a liberdade de decidir a sua própria ação para responder à ação do outro, tem tudo a ver com a nobreza de espírito.

Podemos perceber isso lendo o diálogo entre Sócrates e Platão sobre o sentido da vida, quando Platão volta da guerra:

*... agora ele conhecia a dor lancinante da ausência
e a pergunta que sempre retorna, qual o sentido da
vida
se o melhor dela pode ser perdido tão facilmente. Experimentou a lealdade e a traição, encontrou pessoas
corajosas
e covardes, e a cada vez tinha a impressão de que nem
a inteligência nem prosperidade ofereciam qualquer
segurança para a nobreza de um caráter.*

*Vingança, ódio, ciúme e violência –
toda pessoa de bem é contra, mas parece que ninguém
consegue resistir à sua força de atração.*

*Saí daqui como Aristócles, como você sabe,
para aprender como o mundo realmente é.
Voltei como Platão, para aprender como
o mundo deveria ser...*

... Sócrates então responde ...

*... Platão, então a questão do sentido da vida e a forma
justa de viver não resta outra alternativa que não seja
a busca da verdade, a liberdade de escolher viver a
nobreza de espírito e sentir a felicidade de usar esta
capacidade humana.*

**(Do livro *Nobreza de Espírito*,
de Rob Riemen, 2011, p. 150)**

ENCONTRO COM O PROPÓSITO

Saber viver é um guarda-chuva que acolhe todas as nossas virtudes e habilidades para um convívio mais feliz e harmonioso. Então tentaremos fazer brevemente um passeio também por conhecimentos orientais, pois todas as culturas agregam na compreensão da natureza humana.

Em busca do sentido da vida, gostaria de conectar o conhecimento do que significa *ikigai* à pesquisa do psiquiatra e psicólogo austríaco Viktor Emil Frankl. Frankl criou um método de tratamento psicológico que denominou logoterapia, uma das dissidências da psicanálise freudiana surgida em Viena. Escreveu os livros *Sobre o sentido da vida, Um sentido para a vida* e *A presença ignorada de Deus.*

Ikigai é uma palavra japonesa que descreve os prazeres e o sentido da vida. A palavra consiste, literalmente, de "iki" (viver) e "gai" (razão). A palavra *"ikigai"* é utilizada em vários contextos e pode ser aplicada a pequenas coisas diárias, assim como a grandes objetivos e conquistas.

Ken Mogi, em seu livro *Ikigai: os cinco passos para encontrar seu propósito de vida e ser mais feliz,* nos resume de forma simples e sábia como podemos encontrar nosso ikigai:

"Ikigai uma razão para ser, um propósito de vida". Segundo um ancião de Ogimi para saber o seu ikigai você precisa responder a quatro perguntas, aparentemente simples, mas isso exige um grau de autoconhecimento e pode demandar algum tempo de reflexão.

1. O que você ama?
2. O que você faz bem?
3. O que você pode ser pago para fazer?
4. O que o mundo precisa?

Outro ancião de Ogimi dizia : "O mais importante em Ogimi e na vida é sorrir". "Não há nenhum segredo, o truque é simplesmente viver". "Celebramos, muito, inclusive as pequenas coisas". "Demonstramos paixão por tudo que fazemos, mesmo que a tarefa pareça não ser tão importante".

Se conseguirmos atingir o estado psicológico de *flow*, podemos obter o máximo do *ikigai*, e tarefas diárias vão ficar até mais agradáveis.

Hector Garcia e Francesc Miralles (2018, p. 89), em seu livro *Ikigai, os segredos dos japoneses para encontrar uma vida longa e feliz*, nos dão sete condições para atingir o *flow* e, por meio dele, o *ikigai*.

1. Saber o que fazer
2. Saber como fazer
3. Saber quão bem se está fazendo
4. Saber aonde ir
5. Ter desafios ambiciosos
6. Utilizar seus melhores recursos pessoais
7. Estar livre de distrações

As dez leis do *ikigai* extraídas da sabedoria dos anciãos do vilarejo de Ogimi no Japão (Garcia; Miralles, 2018, p. 190):

1. Mantenha-se sempre ativo
2. Tenha calma
3. Não coma até se encher
4. Rodeie-se de amigos
5. Coloque-se em forma para o próximo aniversário
6. Sorria
7. Reconecte-se com a natureza
8. Agradeça
9. Viva o momento
10. Siga seu *ikigai*. Dentro de você há uma paixão, um talento único que dá sentido a seus dias e o estimula a dar o melhor de si até o fim. Se ainda não souber qual é o seu *ikigai*, Viktor Frankl afirma que sua próxima missão é encontrá-lo.

Como já referido, *flow* é um estado onde as pessoas estão tão envolvidas em uma atividade que mais nada parece importar. Na Grécia Antiga, era comum praticar as atividades cotidianas assim, e a beleza e o sublime dessas atividades eram exatamente isso. Nos séculos seguintes, os trabalhos que envolviam a criatividade humana eram assim considerados.

A responsabilidade de quem cria algo, seja ela um artista, um engenheiro ou um cozinheiro, é usar a natureza para "dar vida" ao que criou, sempre a respeitando. Enquanto trabalha, o artesão se une ao objeto e flui com ele. Um ferreiro diria que "o ferro tem vida", o ceramista diria que "o barro tem vida" (2018, p. 106).

Garcia e Miralles

Garcia e Miralles trazem em seu livro uma interessante pergunta sobre as tarefas do cotidiano. O que acontece, por exemplo, quando temos que lavar roupa, cortar a grama do jardim ou preencher formulários burocráticos? É possível converter esses trabalhos rotineiros em missões agradáveis? Csikszentmihalyi se refere a esta dimensão como microfluir. Nossa habilidade de converter uma tarefa cotidiana em microfluir, em algo que possamos aproveitar, é essencial para sermos "felizes", já que todos precisamos cumprir obrigações rotineiras. Até Bill Gates garante lavar pratos todas as noites. Ele afirma que gosta de lavar louça, pois o ajuda a relaxar e organizar a mente: é um de seus momentos diários de microfluir.

A respeito da logoterapia, Frankl vê na responsabilidade a essência propriamente dita da existência humana, havendo pessoas que não interpretam suas vidas simplesmente como uma tarefa a elas designada. A responsabilidade, na concepção dele, é estarmos conscientes de nosso papel no mundo e de como decidimos nele viver.

Ao se referir ao aspecto de que o ser humano é uma criatura responsável e necessita realizar seu sentido potencial,

Frankl está dizendo que o verdadeiro sentido da vida precisa ser descoberto no mundo, e não dentro da pessoa humana ou de sua psique, como se fosse um sistema fechado. Esta seria a base para sua abordagem psicoterapêutica chamada logoterapia. Ele chamou essa característica de "auto-transcendência da existência humana". No mesmo sentido, afirma ainda que quanto mais a pessoa descentrar de si mesma – dedicando-se a servir uma causa ou a amar outra pessoa –, mais humana será e mais se realizará. O sentido da vida sempre se modifica, mas jamais deixa de existir.

Segundo Frankl, podemos descobrir um sentido para a vida de diferentes formas, criando um trabalho ou praticando um ato bom e belo, vivenciando a natureza e a cultura ou amando, e também pela atitude que tomamos em relação ao sofrimento inevitável.

Também concorda com Frankl o professor Luciano Marques de Jesus quando nos diz que é preciso enxergar sentido nas oportunidades que surgem diante de nós. Muitas vezes deixamos passar momentos importantes em nossa vida por estarmos preocupados que "a grama do vizinho é mais verde do que a nossa". É melhor estarmos atentos ao que temos a nosso alcance.

Quando você repara nos pequenos detalhes da vida, nada se repete. Cada oportunidade é especial.

Grandes intelectuais buscaram diferentes chaves interpretativas para entender o ser humano, e a história da busca pelo sentido da vida é tão longa quanto a história da humanidade.

Destacamos três intelectuais em busca de uma resposta a respeito de nossa existência. Para Sigmund Freud, a chave interpretativa do ser humano é a vontade de prazer. Já de acordo com Alfred Adler, seu parceiro de trabalho, é a vontade de poder que define os rumos do ser humano, enquanto, para Viktor Frankl, é a vontade de sentido, aquilo que tem sentido para nós.

Para finalizar, vamos falar um pouco de Martin E.P. Seligman, em seu livro *Felicidade autêntica,* no qual narra uma experiência em sala de aula:

> *Os alunos de uma das minhas turmas discutiam se a felicidade vem mais prontamente do exercício da bondade que do prazer. Depois de uma discussão acalorada, nos comprometemos com uma tarefa para a aula seguinte: praticar uma atividade prazerosa e outra filantrópica, e escrever sobre ambas. Os resultados foram surpreendentes. A sensação de conforto após a atividade 'prazerosa' (encontrar amigos, assistir a um filme ou tomar sorvete) é inferior à deixada pela ação de bondade. Quando os atos filantrópicos são espontâneos, fruto das nossas forças pessoais, o dia é melhor. Para entender o bem-estar, precisamos entender também as virtudes e forças pessoais. Quando o bem-estar é fruto da integração das nossas forças e virtudes, a vida fica imbuída de autenticidade (2019, p. 20).*

Seligman (2019, p. 24), ainda nos refere que:

> *A psicologia pode ter deixado de lado a virtude, mas a religião e a filosofia certamente não o fizeram [...] Confúcio, Aristóteles, santo Tomás de Aquino, o Bushido (o código de ética dos samurais), o Bhagavad Gita indiano e outras tradições veneráveis discordam nos detalhes, mas todas incluem estas seis virtudes principais:*
>
> *Sabedoria e conhecimento*
> *Coragem*
> *Amor e humanidade*
> *Justiça*
> *Moderação*
> *Espiritualidade e transcendência.*

AÇÃO E HARMONIA

Seguindo as palavras do Dalai Lama, para encontrarmos o sentido da vida, o caminho mais fácil é o da atividade, coisas que você faz, ações e relacionamentos. Mas, no meio do movimento, ainda podemos nos perguntar: o que é realmente valioso na vida? O que dá sentido à nossa vida? Não nascemos para causar problemas ou prejuízos. Para sermos valiosos, temos que desenvolver qualidades básicas humanas: cordialidade, bondade, compaixão. Assim nossas vidas serão mais felizes e significativas.

O que quer dizer a palavra "significativa"? Podemos esmiuçar o significado dessa palavra para elucidar o último passo na obtenção de uma experiência bem-sucedida em busca do sentido da vida. Comecemos pelo *flow,* que nos empurra a um estado pleno de harmonia e atenção. Para experimentá-lo, a pessoa precisa ter metas para suas ações: vencer um jogo, fazer amizade com alguém, realizar algo. O objetivo em si não tem tanta importância, o importante é focar a atenção e envolver-se em uma atividade possível de ser feita e também prazerosa.

Em seu livro *Flow: a psicologia do alto desempenho e da felicidade,* Csikszentmihalyi nos traz um exemplo curioso e muito esclarecedor. Napoleão devotou sua vida à busca por poder, levando à morte milhares de pessoas. Madre Teresa investiu sua energia em ajudar os desamparados. Tanto Napoleão como Madre Teresa podem ter atingido os seus níveis de propósito. Mas suas escolhas trouxeram diferentes consequências para a humanidade.

Ao buscarmos nossos propósitos, temos que ter cuidado com os valores que estão inseridos ali, não podemos buscar sentido na vida sem pensarmos no outro também e na comunidade em que estamos inseridos.

Então, a resposta é que o sentido da vida se revela surpreendentemente simples, e diz respeito a um propósito em harmonia com valores humanistas. Trabalhar com seus desejos para atingir seus propósitos requer pensamentos e ações congruentes entre si, mostrando assim alguém que conquistou a harmonia interior para então iniciar sua caminhada. Dessa forma, não desperdiçamos energia psíquica com dúvidas, arrependimento, culpa e medo.

Propósito, ação e harmonia unificam a vida e dão significado a ela. Assim, cada momento da vida fará sentido.

Dediquei um tempo da minha vida à construção deste livro por muitas vezes questionar verdades estabelecidas que permeiam nossas vidas como se fossem naturais, como se fossem as únicas existentes. Encontrei em muitos autores, cientistas e pesquisadores suporte e reforço para as minhas ideias. Elegi aqui um autor, o ensaísta e filósofo cultural Rob Riemen, como um inspirador. Assim sendo, seu livro *Nobreza de espírito um ideal esquecido* traduz o que, para mim, há de mais importante na vida: a nobreza de espírito em todos os momentos.

Termino, então, com um pensamento de Spinoza, citado por Riemen:

Deixe que cada um viva segundo sua tendência pessoal, desde que eu possa viver pela verdade. Quem não é livre não pode viver na verdade.

Spinoza

*Nobreza de
espírito é a questão...*

*Nós não morremos, nos
transformamos em sementes
que se transformarão
em novos sentidos, novos
propósitos e novas vidas.*

REFERÊNCIAS BIBLIOGRÁFICAS

ALVES, Rosana. *A neurociência da felicidade*. Campinas: MK Editora, 2021.

AMABILE, Teresa. *Growing Up Creative*: Nurturing a Lifetime of Creativity. Scituate, EUA: Creative Education Foundation, 1989.

ANTUNES, Celso. *As inteligências múltiplas e seus estímulos*. Campinas: Papirus, 1998.

BALZAC, Honoré de. *Tratado da vida elegante*. São Paulo: Companhia das Letras, 2016.

BARRETT, Richard. *A organização dirigida por valores*: liberando o potencial humano para a performance e a lucratividade. Rio de Janeiro: Alta Books, 2007.

BARRETT, Richard. *Libertando a alma da empresa*. São Paulo: Cultrix, 2000.

BARRETT, Richard. *O novo paradigma da liderança*. Rio de Janeiro: Quality Mark, 2014.

BAUMAN, Zygmunt. *Amor líquido*. São Paulo: Zahar, 2004.

BAUMAN, Zygmunt. *Modernidade líquida*. São Paulo: Zahar, 2001.

BAUMAN, Zygmunt. *Tempos líquidos*. São Paulo: Zahar, 2007.

BOHM, David. *Diálogo*: comunicação e redes de convivência. São Paulo: Palas Athena, 2005.

BOTTON, Alain de; ARMSTRONG, John. *Arte como terapia*. Rio de Janeiro: Intrínseca, 2014.

BLOOM, Paul. *Against empathy*: the case for rational compassion. Nova York: Ecco Press, 2018.

BLOOM, Paul. *O que nos faz bons ou maus*. Rio de Janeiro: BestSeller, 2014.

BOURDIEU, Pierre. *A distinção*. Porto Alegre: Zouk, 2007.

CASTIGLIONE, Baldassarre. *O cortesão*. São Paulo: WMF Martins Fontes, 2019.

CERQUEIRA, Hugo. Adam Smith e o surgimento do discurso econômico. *Brazilian Journal of Political Economy*, v. 24, n. 3, jul./set. 2004.

COMTE-SPONVILLE, André. *Pequeno tratado das grandes virtudes*. São Paulo: Martins Fontes, 2016.

CSIKSZENTMIHALYI, Mihaly. *Flow*. São Paulo: Objetiva, 2020.

D'ANGENSTEIN, Geneviève. *O Savoir-vivre é um jogo*. Trad. Silvana Pretto Zanon. Porto Alegre: Sulina, 2021.

DAVIDSON, Richard. *O estilo emocional do cérebro*. Rio de Janeiro: Sextante, 2013.

DECETY, Jean, ICKES, William, *The Social Neuroscience of Empathy* - (A Neurociência social da Empatia), Cambridge, MA: The MIT Press, 2011.

DEJOURS, Christophe. *A loucura do trabalho*: estudo de psicopatologia do trabalho. São Paulo: Cortez, 2018.

DEJOURS, Christophe. *Psicodinâmica do trabalho*: casos clínicos. Porto Alegre: Dublinense, 2017.

DEJOURS, Christophe. *O fator humano*. Rio de Janeiro: FGV, 2007.

DE MASI, Domenico. *O ócio criativo*. São Paulo: Sextante, 2012.

DESCARTES, René. *As paixões da alma*. São Paulo: Lafonte, 2021.

ELIAS, Norbert. *A sociedade de corte*. Rio de Janeiro: Zahar, 2001.

ELIAS, Norbert. *O processo civilizador*. Rio de Janeiro: Zahar, 1990.

FERRY, Luc. *Aprender a viver*. São Paulo: Objetiva, 2006.

FRANKL, Viktor E. *A presença ignorada de Deus*. Petrópolis, RJ: Vozes, 2017.

FRANKL, Viktor E. *Em busca de sentido*. Petrópolis, RJ: Vozes, 2021.

FRANKL, Viktor E. *Um sentido para a vida*. Trad. Victor H. Silveira Lapenta. São Paulo: Ideias & Letras, 2005.

FURTADO, Carla. *Feliciência*: felicidade e trabalho na Era da complexidade. São Paulo: Actual, 2022.

GARCÍA, Héctor; MIRALLES, Francesc. *Ikigai*: o segredo dos japoneses para uma vida longa e feliz. Trad. Elisa Menezes. Rio de Janeiro: Intrínseca, 2018.

GARDNER, Howard. *A inteligência, um conceito*

reformulado. São Paulo: Objetiva, 2000.

GARDNER, Howard. *Estruturas da mente*. São Paulo: Penso, 1994.

GARDNER, Howard. *Inteligências múltiplas*. São Paulo: Penso, 1995.

GIBBON, Edward. *Declínio e queda do Império Romano*. São Paulo: Companhia das Letras, 2003.

GIBRAN, Khalil. *O Profeta*. São Paulo: Planeta, 2019.

GOLEMAN, Daniel; DAVIDSON, Richard. *A ciência da meditação*: como transformar o cérebro, a mente e o corpo. São Paulo: Objetiva, 2017.

GOLEMAN, Daniel. *Emoções que curam*. Rio de Janeiro: Rocco, 1999.

GOLEMAN, Daniel. *Inteligência emocional*: a teoria revolucionária que redefine o que é ser inteligente. Rio de Janeiro: Objetiva, 2012.

GOLEMAN, Daniel. *Inteligência social*. São Paulo: Objetiva, 2019.

GOTTLIEB, Lori. *Talvez você precise conversar com alguém*. Rio de Janeiro: Vestígio, 2020.

JOHNSON, Steven. *De onde vêm as boas ideias*. São Paulo: Zahar, 2001.

HAN, Byung-Chul. *Sociedade do cansaço*. Petrópolis, RJ: Vozes, 2015.

HAN, Byung-Chul. *Favor fechar os olhos*. Petrópolis, RJ: Vozes, 2015.

HELLIWELL, John et al. *WHR-World Happiness Report*. New York, USA, Rede de Soluções de Desenvolvimento Sustentável, 2010. Disponível em: http:worldhappiness.report/. Acesso em: 11 jan. 2022.

HOOPER, Tom. *Os miseráveis*. Diretores: Tom Hooper e Eric Fellner, Gênero Musical. Reino Unido: Working Title, 2012. 158min.

JAWORSKI, Joseph. *Sincronicidade*: o Caminho Interior da Liderança. São Paulo: Senac, 2015.

LIPTON, Bruce H. *A biologia da crença*. São Paulo: Butterfly, 2007.

MAFFESOLI, Michel. *O tempo das tribos*: o declínio do individualismo nas sociedades de massa. São Paulo: Forense Universitária, 2014.

MANN, Thomas. *A montanha mágica*. Rio de Janeiro: Nova Fronteira, 1980.

MARCATTI, Jair. *A arte da conversa*. São Paulo: Escola

de Repertório, 2021. Palestra assistida.

MARCONDES FILHO, Ciro. *A comunicação do sensível*. São Paulo: ECA/USP, 2019.

MAQUIAVEL, Nicolau. *O príncipe*. Londrina: Penkal, 2021.

MOGI, Ken. *Ikigai*: os cinco passos para encontrar o seu propósito de vida e ser mais feliz. Trad. Regiane Winarski. São Paulo: Astral Cultural, 2018.

MONTAIGNE, Michel de. *Ensaios*. Trad. Sérgio Milliet e outros. Rio de Janeiro: Ed. 34, 2016.

MORAES, Pedro Ivo. *Empresas espiritualizadas*: amor e propósito na transformação do mundo corporativo. São Paulo: DVS Editora, 2017.

MORIN, Edgar. *Introdução ao pensamento complexo*. Porto Alegre: Sulina, 2015.

NIETZSCHE, Friedrich. *Crepúsculo dos ídolos*. São Paulo: Companhia de Bolso, 2017.

PLATÃO. *O banquete*. Porto Alegre: L&PM Pocket, 2009.

RIEMEN, Rob. *Nobreza de espírito*: um ideal esquecido. Trad. Francis Petra Janssen. Petrópolis, RJ: Vozes, 2011.

ROSENBERG, Marshall B. *Comunicação não-violenta*. Rio de Janeiro: Ágora, 2006.

ROTTERDAM, Erasmo de. *De pueris (dos meninos)*: a civilidade pueril. 2. ed. São Paulo: Escala Educacional, 2008.

ROTTERDAM, Erasmo de. *A civilidade pueril*. São Paulo: Estampa, 1978.

ROUVILLOIS, Frederic. *A história da polidez, de 1789 aos nossos dias*. São Paulo: Grua, 2009.

SCRUTON, Roger. *Beleza*. Trad. Hugo Langone. São Paulo: Realizações Editora, 2013.

TITUS, Devi. *A experiência da mesa*: o segredo para criar relacionamentos profundos. São Paulo: Mundo Cristão, 2013.

SELIGMAN, Martin E. P. *Felicidade autêntica*. São Paulo: Objetiva, 2019.

SPINOZA, Baruch. *Breve tratado de Deus, do homem e do seu bem-estar*. Belo Horizonte: Autêntica, 2019.

WAAL, Frans de. *A era da empatia*. São Paulo: Companhia das Letras, 2010.

WEINSTEIN, Miriam. *The Surprising Power of Family Meals: How Eating Together Makes*

Us Smarter, Stronger, Healthier, and Happier. Hanover, EUA: Steerforth, 2005.

WOLTON, Dominique. *É preciso salvar a comunicação.* São Paulo: Caleidoscópio, 2006.

WOLTON, Dominique. *Informar não é comunicar.* Porto Alegre: Sulina, 2010.

WOLTON, Dominique. *Internet, e depois?* Porto Alegre: Sulina, 2012.

UNGAR, Michael. Pesquisas realizadas no Centro de Pesquisa em Resiliência da Dalhousie University, em Halifax, Canadá.

ZAK, Paul. *A molécula da moralidade.* São Paulo: Elsevier, 2012.

ZAK, Paul. The Neuroscience of Trust. *Harvard Business Review,* Brighton, 1 jan. 2017.

ZOHAR, Danah; MARSHALL, Ian. *QS Aprenda a desenvolver a inteligência que faz a diferença.* São Paulo: Viva Livros, 2012.

Sobre a espiritualidade

MYRIAM CADORIN DUTRA

Entendi o significado de espiritualidade já na idade adulta. Sempre confundi espiritualidade com religião e, educada numa família italiana contrária a qualquer dogma religioso, vivi alheia a cultos, igrejas e templos, acreditando que, conforme meu pai me dizia, "Deus não existe, Myriam. E se existir, não vai ser de ti que ele vai cuidar, portanto estuda. E trabalha!". Eu obedeci. E foi mais tarde, pela ciência, que eu conheci Deus.

Durante muitos anos, como muitos da minha geração, andei nos trilhos bem asfaltados da razão, das ideias e da lógica, ao mesmo tempo que transitava, nas horas vagas e com alegria no espírito, pela arte e literatura. Para mim eram mundos diferentes e incomunicáveis e eu não conseguia relacionar um universo ao outro.

Olhando um livro de arte rupestre, um desenho inscrito nas cavernas pelos pré-históricos me fez entender que o sagrado poderia estar irremediavelmente dentro da gente desde sempre. E fora também. E que alguma coisa nos ligava a tudo. Por isso nossos antepassados iam para o fundo das cavernas, por corredores escuros, baixos e apertados e, num ritual individual, mas coletivo, escavavam e desenhavam na pedra figuras de bisontes robustos e imponentes, carimbando suas mãos nas paredes, acreditando, com todo o seu coração, que alguma coisa maior, superior, divina ou cósmica iria ajudá-los a ter em mãos uma caça para sobreviver.

Sim, somos seres espirituais. Nossos antepassados buscavam o transcendental para viver, e foi olhando os céus que desenvolveram a religião e a ciência. Há 400 mil anos já praticavam rituais funerários e dezenas de civilizações evoluídas construíram espaços sagrados como o Círculo de

Pedras de Stonehenge, na Inglaterra, as linhas de Nazca, no Peru, o Livro dos Mortos e as pirâmides, no Egito. Pertencendo ou não a alguma religião, a dimensão espiritual parece ser inerente ao humano.

Religião e *espiritualidade* não são palavras sinônimas. Mas seus conceitos também não são antagônicos. Eles se complementam e se relacionam entre si. A religião se compõe de um sistema de crenças e práticas que une pessoas numa mesma comunidade moral. Baseada em leis e ritos, lida com questões sagradas exercidas no centro de uma instituição, ligadas a estruturas formais e dogmáticas que, em geral, não são discutidas ou questionadas.

A espiritualidade, por sua vez, é uma tendência humana de buscar significado para a vida. É uma questão de natureza pessoal para compreensão de respostas a perguntas fundamentais que nos fazemos, e está relacionada à transcendência, ou seja, a uma experiência fora do campo existencial do dia a dia. Diz respeito àquilo ao qual nos conectamos, seja a pessoas, à natureza ou ao cosmos. É uma busca de um sentido de ligação nosso com algo maior.

Para praticar a espiritualidade precisamos nos permitir uma abertura para viver o ilimitado e o absoluto. E o reconhecimento dessa dimensão misteriosa e infinita da existência não precisa, necessariamente, passar por alguma explicação religiosa. É uma experiência individual que vai muito além da racionalidade e do intelecto, e transita sempre ao encontro do divino.

Foi-se o tempo em que ciência e espiritualidade andavam separadas. Desde o início do século XX, nos renomados congressos de Solvay, em Bruxelas, os mais consagrados cientistas da época (incluindo Einstein e Max Planck) se reuniam para divulgar e debater avanços fundamentais da física quântica. Realizados de três em três anos e atravessando o século XXI, essas conferências trouxeram um vasto conhecimento sobre o comportamento do mundo invisível, como a Teoria da Radiação e dos Quanta (1911), a estrutura da matéria (1913), as propriedades do núcleo atômico

(1933), a estrutura e a evolução do universo (1958) a teoria quântica de campos (1961), e, mais recentemente, a estrutura quântica do espaço e do tempo (2005), a teoria do mundo quântico (2011) e a física da matéria viva, do espaço-tempo e da informação na biologia (2017), dentre outros igualmente importantes.

A teoria quântica foi proposta, como ciência, inicialmente para analisar o micromundo dentro dos átomos. Hoje sabemos, porém, que o comportamento físico descrito por ela se aplica também a estruturas muito maiores. O invisível e o incontrolável já conseguem ser amplamente compreendidos e explicados e, embora as duas visões – religiosa e científica – ainda confundam a mente ocidental, avanços da ciência nos últimos cem anos construíram pontes sólidas unindo esses dois mundos.

Cientistas contemporâneos renomados vêm desbancando céticos com seus estudos e formulações de novas teorias, mostrando que o dogma do materialismo científico – que sempre separou ciência e fé – é um beco sem saída, desatualizado e pertencente a um paradigma que não se sustenta mais. A fé não é uma crença cega, mas um conhecimento que vem da experiência. Ela vem do silêncio interior e daquilo que esse silêncio nos revela. Conecta o nosso mundo de dentro com o mundo de fora, revela o *eu profundo*, que transcende o *ego*, e elimina a divisão entre o que é natural e o que é sobrenatural. A fé vem de uma confiança no universo da percepção, da intuição e da imaginação, e nos dá disposição para entrar no desconhecido. É dela que nasce a paixão para o que é eterno e para o amor. Não o amor romântico, mas o amor humano, o amor à natureza, à vida, ao outro, à transcendência.

Esse é um novo paradigma que nos chega pela ciência. Traz evidências de que a nossa consciência é não local, ou seja, está e não está localizada dentro do nosso cérebro. Também é não material, sintonizando processos cognitivos vinculados a um campo sutil e intangível. É um paradigma repleto de evidências científicas que esclarecem muitos aspectos sobre a continuidade da consciência – antes mencionada apenas por religiões e vista como um dogma – e que inclui estudos sobre experiências de quase morte, comunicação após a morte, reencarnação e informações neurossensoriais recebidas em estados alterados de consciência.

Inúmeros são os exemplos pesquisados e amplamente analisados pela literatura atual das ciências mais duras (física, química, biologia, neurociências, medicina) que explicam que nossa cosciência continua a existir mesmo sem o corpo físico. E, o que é muito importante, esses estudos se relacionam, nesse momento e ao mesmo tempo, com experimentos de vanguarda da física quântica e da sociobiologia, especialmente com a teoria das supercordas, teoria de campos de informação do universo, epigenética e matrizes de energia.

A influência da espiritualidade nas nossas atitudes e comportamento atravessa, também, estudos sobre saúde, liderança e ambiente organizacional. Se prestarmos atenção, na última década houve um aumento súbito de livros, conferências, palestras, seminários, cursos e workshops em espiritualidade no trabalho e na saúde, incluindo publicação de diretrizes da Organização Mundial de Saúde (OMS) sobre o quanto a espiritualidade compõe o conceito multidimensional de saúde, junto às dimensões corporais, psíquicas e sociais.

Durante anos confundimos o cérebro com a mente, acreditando que o cérebro era o centro de tudo. Muitos de nós escutamos que só usávamos 10% do cérebro em nossa vida quotidiana. Mas tudo isso, hoje, é um mito. A partir de tecnologias de mapeamento cerebral já sabemos que usamos todo o nosso cérebro e durante todo o tempo. Embora dividido em dois hemisférios (o esquerdo, que coordena os pensamentos analíticos racionais e cartesianos; e o direito, que dá conta de pensamentos associativos e criativos), e com outras subdivisões que controlam pensamentos, aspectos motores, emoções, fome, análise dos sentidos e outros, o *modo* e o *como* pensamos está relacionado ao nosso nível de consciência, à elevação da frequência da nossa vibração energética – pelo conjunto de ondas cerebrais que emitimos – e, portanto, à nossa abertura a níveis mais elevados de espiritualidade.

Estudos mostraram, também, que a mente (ou espírito, ou consciência) é diferente do cérebro e muito mais ampla do que poderíamos supor. Mente/espírito/consciência são parte do mundo espiritual, não do mundo visto como físico e, nesse sentido, estão sempre e instantaneamente ligados por todo o espaço e o tempo. Como já amplamente comprovado, tudo é energia, independentemente de receber um nome ou não, e as ligações ou comunicações mentais que criamos podem operar a partir de qualquer distância física, mesmo para além do universo observável. Essas comunicações são instantâneas e as mentes, onde quer que estejam localizadas no universo físico, podem simplesmente se ligar entre si, influindo no campo vibracional no qual estamos inseridos. Nesse sentido, nada do que pensamos, dizemos ou fazemos é inócuo, porque sempre estaremos influenciando ou sendo influenciados.

Sim, somos um todo conectado e, se não estivermos atentos a nós mesmos, podemos embarcar em oceanos de emoções e ficarmos à mercê de pensamentos e certezas absolutas – falsas ou temporárias, claro – que só nos atrapalham a vida.

Nossos neurônios que ficam fora do cérebro, localizados no coração e no intestino, se conectam intimamente por um emaranhado de nervos e neurotransmissores em forma de rede, e possuem uma capacidade de ativar, rapidamente, pelo nosso corpo, reações a qualquer pensamento ou sentimento que nos assalta. Passamos o dia sem perceber nosso meio interno físico/químico/biológico, que tem uma superinteligência praticamente autônoma, e busca, incessantemente, se manter em comunhão com a totalidade da vida. Facilmente nos distraímos de nós mesmos, iludidos com ideias, julgamentos e verdades que acreditamos *reais*. Mas é fato que não é uma situação que determina o que sentimos e pensamos, mas o *modo* como interpretamos essa situação. E a elaboração interna que fazemos a respeito disso, produto da nossa mente/consciência, decorre do grau de nossa espiritualidade.

Quase nunca percebemos a vida como uma experiência completa e, por conta disso, também não nos damos conta de que a causa da nossa dor ou do nosso sofrimento pode estar exatamente ali: na ruptura do elo que une o corpo e a mente/alma/consciência, sempre tratados separadamente. Somos a totalidade do universo agindo através de um sistema humano, tudo leva a crer que viemos de uma fonte que parece inesgotável e infinita, e estamos aqui para criar o mundo a cada momento. É isso que a ciência, hoje, nos ajuda a compreender.

A prática da espiritualidade amplia a nossa autoconsciência, dá a visão sobre o que importa na nossa vida e nos deixa presentes no aqui-e-agora. Tantas evidências validadas cientificamente nesse campo, desde estudos de caso até ensaios randomizados duplo-cegos controlados por placebo, atestam os benefícios de ficarmos presentes e conectados a algo maior, seja por práticas de oração, de meditação, de ioga, seja pela arte, pela poesia, pela música e dança ou pelo esporte, ou mesmo pelo contato e contemplação da natureza.

Nosso cérebro, por natureza, é muito conservador. Em suas estruturas complexas estão registradas memórias de toda a nossa ancestralidade, incluindo a evolução do planeta, com camadas e camadas de história a que não temos total acesso. Por conta disso seguidamente disparamos pensamentos em série, lineares, semelhantes a um computador, obedecendo a programas preexistentes em nossa cabeça que nem sempre conhecemos de fato. Pertencem à nossa inteligência intelectual (QI). São pensamentos úteis, mas que funcionam dentro de limites, não nos permitem ver o novo ou procurar novas possibilidades, e nem mesmo lidar com o inesperado.

Outras vezes usamos nossas redes neurais com pensamentos associativos, vindos de nossa inteligência emocional (IE), e de tantas e tantas memórias de narrativas, ligando, por exemplo, latidos de cães a perigo, casa à sensação de conforto. Nosso pensamento associativo lida com nuances e ambiguidades e, embora não nos ajude a aprender rápido alguma coisa e seja impreciso, reconhece padrões facilmente, vê sistemicamente com facilidade, e nos libera para a criatividade. Mas é nossa inteligência espiritual (IS) que nos torna conscientes de nossas experiências e conscientes de que somos conscientes. É pela inteligência espiritual que reagimos ao que nos acontece com sofrimento ou risada, com sentimento de raiva e mágoa ou com senso de humor. Aprendemos uma linguagem, por exemplo, com nosso QI e IE, mas inventamos a nossa própria linguagem com nossa IS. A base neurológica da inteligência espiritual é que vai nos permitir entender metáforas e produzir sentido para um determinado arranjo de palavras ou não ditos.

Entender e praticar uma inteligência espiritual (IS) equilibra nossa razão (QI) e nossa emoção (IE) com o mundo externo, porque tomamos consciência de nossas crenças, valores, desejos e ações, do nosso propósito na vida, sozinhos ou em comunidade, diminuindo a distância entre *mim* e o *outro*.

Praticamos a inteligência espiritual quando conseguimos, por exemplo, por um trabalho interno, elevar nosso grau de autoconsciência. Quando nos sentimos bem com o tempo vazio de coisas a fazer e com o silêncio. Ou quando conseguimos enxergar adversidades como possibilidades de alavanca. Quando compreendemos situações antagônicas dentro de um sistema de relações, analisando-as num contexto mais amplo. Quando conseguimos considerar a complexidade das coisas e situações mantendo pensamentos em frequência alta e positiva. Quando sabemos quem somos e porque nos levantamos todos os dias. Quando conseguimos viver a gratidão e a compaixão. Quando somos profundamente honestos conosco e não abrimos mão de nossos valores e princípios. Uma inteligência espiritual

(IS) alta requer cem por cento de integridade pessoal e uma capacidade grande de se fazer perguntas mais do que dizer respostas.

A força da nossa alma/consciência/mente está no nosso eu mais profundo. Dali vem a nossa espiritualidade. Ela movimenta o universo, que nos responde com sincronicidades e sinaliza que nossa existência tem um significado. Goethe, escritor alemão que viveu entre 1749 e 1832, escreveu que *"Quando uma criatura humana desperta para um grande sonho e sobre ele lança toda a força de sua alma, todo o universo conspira a seu favor"*. Mesmo com tão poucas descobertas científicas naquela época, ele tinha toda razão. Hoje, não temos mais desculpas para duvidar que a consciência é a base do cosmos, e que seu propósito é se manifestar para nos fazer evoluir.

Myriam Cadorin Dutra

REFERÊNCIAS BIBLIOGRÁFICAS

CHOPRA, Deepak. *O futuro de Deus*. São Paulo: Academia, 2021.

CHOPRA, Deepak. *Supercérebro*. São Paulo: Alaúde, 2013.

COMTE-SPONVILLE, André. *O espírito do ateísmo*. São Paulo: Martins Fontes, 2007.

GERSHON, Michael D. *O segundo cérebro*. Rio de Janeiro: Campus, 1999.

GOSWAMI, Amit. *Física da alma*. São Paulo: Goya, 2015.

GREENE, Brian. *A realidade oculta*. São Paulo: Companhia das Letras, 2012.

HAWKINS, David. *Deixar ir*. São Paulo: Pandora, 2019.

LAZLO, Ervin. *A ciência e o campo akáshico*: uma teoria integral de tudo. São Paulo: Cultrix, 2015.

LAZLO, Ervin. *Mente imortal*. São Paulo: Cultrix, 2014.

LOMMEL, Pim van. *Consciousness beyond life*. London: HarperOne, 2011.

PAUL, Sarah. *The Philosophy of Action*. London: Routledge, 2020.

ZOHAR, Danah; MARSHALL, Ian. *Inteligência espiritual*. São Paulo: Viva Livros, 2012.

Este livro foi confeccionado especialmente para a
Editora Meridional Ltda.,
em Austin News Text, 11,5/13,5 e
impresso na Gráfica Noschang.